그림연상으로 쏙쏙! 자동암기 되는

학년별 초등한자 304자

한국두뇌개발교육원 · 한국기억술연구원 손 동 조 지음

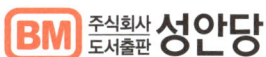

머리말

한글을 잘 읽을 줄 알아도 그 뜻을 이해하기 어려워하는 어린이가 많습니다. 우리말 어휘의 70퍼센트를 차지하는 한자를 잘 알면 문장의 의미를 쉽게 이해할 수 있는데, 한글에 해당하는 한자를 잘 모르기 때문입니다.

예를 들어 한글 '기사'에는 여러 가지 의미가 있습니다. 자동차를 운전하는 '기사(技 재주 기)', 신문이나 잡지에 실린 '기사(記 기록할 기)', 바둑이나 장기를 잘 두는 '기사(棋 바둑 기)', 말 타는 '기사(騎 말 탈/기병 기)' 등 다양한 한자가 있어 뜻을 잘 모르면 어떤 '기사'인지 이해하기 어렵습니다.

그렇기 때문에 어휘력을 향상하기 위해서는 한자를 꼭 배워야 합니다. 특히 초등학교 저학년 아이들은 한글을 다 깨친 후 쉬운 한자부터 한 자씩 서서히 접근하게 해 부담 없이 배울 수 있어야 합니다.

이 책은 한자를 처음 접하는 아이들이 지루하지 않게 한자에 맞는 그림으로 훈·음을 쉽고 재미있게 연상하도록 구성했습니다. 학년별로 알아야 할 최소한의 한자를 한자 시험 급수별로 배정하였으며, 하루에 한 장, 세네 자씩 공부하면 누구나 한자 304자를 쉽게 이해하며 기억할 수 있습니다.

먼저 그림을 보면서 한자를 익히고, 한글로 된 짧은 문장으로 훈과 음을 연상 기억할 수 있습니다. 예를 들어 '날 생(生)'의 훈·음을 기억하기 위해 '내가 태어난 날이 생일이다'로 연상하며 공부하면 더욱 쉽게 기억할 수 있습니다. 그리고 공부한 한자를 다시 선 긋기와 덧쓰기를 통해 복습하고, 공부한 한자를 넣어 하나의 이야기가 있는 문장으로 만들어 다시 한번 기억하며 완성할 수 있도록 구성하였습니다.

저학년부터 한자를 다양한 방법으로 자연스럽게 익히고 재미있게 진도를 따라 공부하다 보면, 원하는 한자 급수 자격증을 한 번에 취득할 수 있고, 중학교 들어가기 전 한자 1,000자를 저절로 익히고 한자 4급까지 완성할 수 있습니다. 그뿐만 아니라 앞으로 상위 급수 한자를 공부하는 데도 많은 도움이 될 것입니다.

이 책을 보는 모든 어린이가 한자 공부에 재미를 느끼고 더 쉽고 효율적으로 한자를 자연스럽게 익히길 진심으로 바랍니다.

한국두뇌개발교육원 손 동 조 원장

차례

머리말 • 3
한자 쓰기의 바른 순서 • 6
한자 부수의 위치와 명칭 • 7

1장 1학년이 알아야 할 한자 50자 하루 3자씩 공부하기

초등학생 1학년 배정 한자 50자 • 10

초등학생 1학년이 알아야 할 기본 한자 한 일 一 ~ 열 십 十 • 11
초등학생 1학년이 알아야 할 기본 한자 달 월 月 ~ 일만 만 萬 • 17
초등학생 1학년이 알아야 할 기본 한자 동녘 동 東 ~ 아우 제 弟 • 23
초등학생 1학년이 알아야 할 기본 한자 작을 소 小 ~ 바깥 외 外 • 29
초등학생 1학년이 알아야 할 기본 한자 배울 학 學 ~ 흰 백 白 • 35
1학년이 알아야 할 부수한자 덧쓰고 그림연상하고 눈으로 익히기 1 ~ 4 • 41

2장 2학년이 알아야 할 한자 105자 하루 3자씩 공부하기

초등학생 2학년 배정 한자 105자 • 46

초등학생 2학년이 알아야 할 기본 한자 집 가 家 ~ 사내 남 男 • 47
초등학생 2학년이 알아야 할 기본 한자 안 내 內 ~ 늙을 로 老 • 53
초등학생 2학년이 알아야 할 기본 한자 마을 리 里 ~ 일백 백 百 • 59
초등학생 2학년이 알아야 할 기본 한자 지아비 부 夫 ~ 손 수 手 • 65
초등학생 2학년이 알아야 할 기본 한자 셈 수 數 ~ 있을 유 有 • 71
초등학생 2학년이 알아야 할 기본 한자 기를 육 育 ~ 전할 전 傳 • 77

초등학생 2학년이 알아야 할 기본 한자 오로지 전 專 ~ 땅 지 地	• 83
초등학생 2학년이 알아야 할 기본 한자 종이 지 紙 ~ 아래 하 下	• 89
초등학생 2학년이 알아야 할 기본 한자 여름 하 夏 ~ 쉴 휴 休	• 95
2학년이 알아야 할 부수한자 덧쓰고 그림연상하고 눈으로 익히기 1 ~ 4	• 100

3장 3학년이 알아야 할 한자 149자 하루 4자씩 공부하기

초등학생 3학년 배정 한자 149자 .... • 106

초등학생 3학년이 알아야 할 기본 한자 각각 각 各 ~ 공 공 功	• 108
초등학생 3학년이 알아야 할 기본 한자 한가지 공 共 ~ 이제 금 今	• 113
초등학생 3학년이 알아야 할 기본 한자 급할 급 急 ~ 머리 두 頭	• 118
초등학생 3학년이 알아야 할 기본 한자 무리 등 等 ~ 들을 문 聞	• 123
초등학생 3학년이 알아야 할 기본 한자 쌀 미 米 ~ 옷 복 服	• 128
초등학생 3학년이 알아야 할 기본 한자 근본 본 本 ~ 이룰 성 成	• 133
초등학생 3학년이 알아야 할 기본 한자 살필 성 省 ~ 귀신 신 神	• 138
초등학생 3학년이 알아야 할 기본 한자 믿을 신 信 ~ 업 업 業	• 143
초등학생 3학년이 알아야 할 기본 한자 길 영 永 ~ 마실 음 飮	• 148
초등학생 3학년이 알아야 할 기본 한자 옷 의 衣 ~ 정할 정 定	• 153
초등학생 3학년이 알아야 할 기본 한자 뜰 정 庭 ~ 친할 친 親	• 158
초등학생 3학년이 알아야 할 기본 한자 클 태 太 ~ 이름 호 號	• 163
초등학생 3학년이 알아야 할 기본 한자 화할 화 和 ~ 가르칠 훈 訓	• 168
3학년이 알아야 할 부수한자 덧쓰고 그림연상하고 눈으로 익히기 1 ~ 7	• 172

한자 쓰기의 바른 순서

- 한자에서 점 또는 선을 한 획이라고 합니다.
- 한 글자를 쓸 때 모두 몇 획으로 짜여 있는가를 가리켜 획수라 합니다.
- 한 글자를 형성해 가는 순서를 필순이라고 합니다.
- 바른 필순으로 따라 쓸 때 한자가 균형 잡히고 예쁜 글자 모양이 됩니다.

1. 위에서 아래로 쓴다.
   예 言 (말씀 언)   三 (석 삼)

2. 왼쪽에서 오른쪽으로 쓴다.
   예 外 (바깥 외)   川 (내 천)

3. 가로획과 세로획이 만날 때는 가로획을 먼저 쓴다.
   예 十 (열 십)   大 (큰 대)

4. 몸을 안보다 먼저 쓴다.
   예 同 (한가지 동)   內 (안 내)

5. 바깥 부분을 먼저 쓴다.
   예 火 (불 화)

6. 좌우가 대칭될 때 가운데를 먼저 쓴 다음에 좌우 순으로 쓴다.
   예 水 (물 수)   小 (작을 소)

7. 삐침 별(丿)과 파임 불(\)이 만날 때는 삐침을 먼저 쓴다.
   예 父 (아비 부)   人 (사람 인)

8. 가운데를 꿰뚫는 세로획은 나중에 긋는다.
   예 中 (가운데 중)   手 (손 수)

9. 가로획보다 삐침을 짧게 써야 모양이 나는 것은 삐침을 먼저 쓴다.
   예 右 (오른 우)   九 (아홉 구)

10. 삐침을 가로획보다 길게 써야 모양이 나는 것은 가로획을 먼저 쓴다.
    예 左 (왼 좌)   力 (힘 력)

11. 허리를 긋는 가로획은 나중에 긋는다.
    예 女 (계집 녀)   母 (어미 모)

12. 오른쪽 위의 점 주(丶)는 맨 나중에 찍는다.
    예 成 (이룰 성)   犬 (개 견)

한자 부수의 위치와 명칭

- 부수는 자전(字典)에서 한자를 찾을 때 기준이 되며, 글자의 뜻에 영향을 줍니다.
- 부수 글자 중에는 독립된 한 자가 그대로 부수인 글자도 있습니다.
- 한자의 부수가 글자 중의 어느 부분에 있는가에 따라 다음과 같이 분류합니다.

명칭		부수 위치		보기
변	氵	왼쪽에 위치	江	훈·음 : 강 강 부수 : 氵(삼수변) 원부수 : 水(물 수)
방	刂	오른쪽에 위치	利	훈·음 : 이할 리 부수 : 刂(선칼도방) 원부수 : 刀(칼 도)
머리	宀	위쪽에 위치	安	훈·음 : 편안할 안 부수 : 宀(갓머리) 부수 : 宀(집 면)
발	灬	아랫부분에 위치	無	훈·음 : 없을 무 부수 : 灬(연화발) 원부수 : 火(불 화)
엄호[엄]	广	위쪽(머리)+왼쪽(변)	庭	훈·음 : 뜰 정 부수 : 广(집 엄)
받침	辶	왼쪽(변)+아래쪽(발)	道	훈·음 : 길 도 부수 : 辶(책받침) 원부수 : 辵(쉬엄쉬엄갈 착)
몸	口	바깥 둘레를 에워쌈	國	훈·음 : 나라 국 부수 : 口(큰입구몸) 나라 국/에울 위
	行	왼쪽(변)+오른쪽(방)	街	훈·음 : 거리 가 부수 : 行(다닐 행)
	門	위쪽+왼쪽+오른쪽	間	훈·음 : 사이 간 부수 : 門(문 문)
	匚	위쪽+왼쪽+아래쪽	區	훈·음 : 지경 구 부수 : 匚(감출 혜)
제부수	豆	독립된 한자가 부수로 쓰이는 글자		入 山 土 子 羊

1학년이 알아야 할 한자 50자

하루 3자씩 공부하기

- 초등학생 1학년 배정 한자 50자

- 초등학생 1학년이 알아야 할 기본 한자
  < 1일 차 한 일 一 ~ 15일 차 흰백 白 >

- 훈·음에 맞는 한자 선으로 연결하기

- 1학년 한자 문장 읽고 쓰기

- 1학년이 알아야 할 부수한자
  덧쓰고 그림연상하고 눈으로 익히기

초등학생 1학년 배정 한자 50자

[숫자 10자]

一	二	三	四	五	六	七	八	九	十
한 일	두 이	석 삼	넉/넷 사	다섯 오	여섯 육	일곱 칠	여덟 팔	아홉 구	열 십

[요일 등 10자]

月	火	水	木	金	土	日	寸	年	萬
달 월	불 화	물 수	나무 목	쇠금/성김	흙 토	날 일	마디 촌	해 년	일만 만

[동·서·남·북/문·산/부·모·형·제 10자]

東	西	南	北	門	山	父	母	兄	弟
동녘 동	서녘 서	남녘 남	북녘 북	문 문	메 산	아버지 부	어머니 모	형 형	아우 제

[소·중·대·한·민·국·여·군·인·외 10자]

小	中	大	韓	民	國	女	軍	人	外
작을 소	가운데 중	큰 대	한국 한	백성 민	나라 국	여자 여	군사 군	사람 인	바깥 외

[학·교·장·선·생·교·실·왕·청·백 10자]

學	校	長	先	生	敎	室	王	靑	白
배울 학	학교 교	길/어른 장	먼저 선	날 생	가르칠 교	집 실	임금 왕	푸를 청	흰 백

초등학생 1학년이 알아야 할 기본 한자

1일 차

※ 아래 한자의 훈·음을 읽고 획순을 따라 연필로 바르게 써 보세요.

8급 1획 一

一	一	一			
한 **일**	뜻ㅣ단위를 나타내는 말 앞에 쓰여, 그 수량이 하나임을 나타냄.					

훈·음 연상 자동 암기
한 개가 일개다.

활용한자
一生(일생) 생물이 살아 있는 동안.
一代(일대) 한 사람의 일생. 어떤 한 시대.

8급 2획 一 二

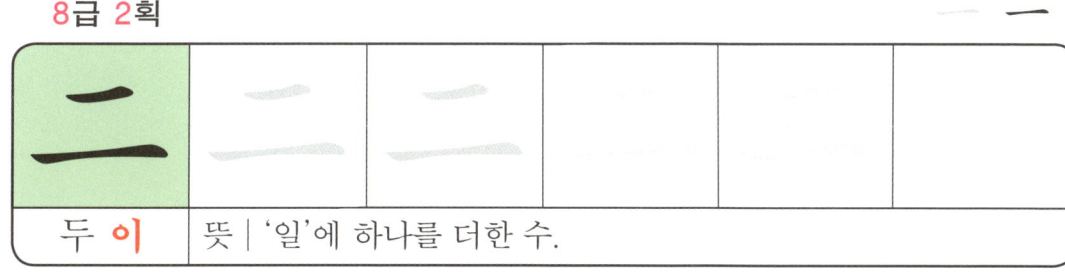

二	二	二			
두 **이**	뜻ㅣ'일'에 하나를 더한 수.					

훈·음 연상 자동 암기
두마리 토끼를 이층에서 기르다.

활용한자
二重(이중) 두 번 거듭되거나 겹침.
二世(이세) 다음 세대. 이민을 간 사람의 자녀로서, 그 나라의 시민권을 가진 사람.

8급 3획 一 二 三

三	三	三			
석 **삼**	뜻ㅣ단위를 나타내는 말 앞에 쓰여, 그 수량이 셋임을 나타냄.					

훈·음 연상 자동 암기
석탑이 삼층으로 쌓여 있다.

활용한자
三月(삼월) 한 해의 열두 달 가운데 세 번째 달.
三國(삼국) 고대 우리나라에 있었던 세 나라. 통일신라 이전의 신라, 백제, 고구려.

초등학생 1학년이 알아야 할 기본 한자

2일 차

※ 아래 한자의 훈·음을 읽고 획순을 따라 연필로 바르게 써 보세요.

8급 5획   四 四 四 四 四

| 四 |

넉/넷 **사**   뜻 | '셋'에 하나를 더한 수.

활용한자
四方(사방) 동쪽, 서쪽, 남쪽, 북쪽의 네 방위를 아울러 이르는 말.
四寸(사촌) 어버이의 친형제자매의 아들이나 딸을 촌수로 따져서 이르는 말.

훈·음 연상 자동 암기
넉살 좋은 사촌을 좋아한다.

8급 4획   五 五 五 五

| 五 |

다섯 **오**   뜻 | 단위를 나타내는 말 앞에 쓰여, 그 수량이 다섯임을 나타냄.

활용한자
五色(오색) 여러 가지 빛깔. 청색, 백색, 적색, 흑색, 황색의 다섯 가지 빛깔.
五感(오감) 시각, 청각, 후각, 미각, 촉각의 다섯 가지 감각.

훈·음 연상 자동 암기
다섯 명이 모이면 오 명이다.

8급 4획   六 六 六 六

| 六 |

여섯 **육**   뜻 | '다섯'에 하나를 더한 수.

활용한자
六角(육각) 여섯 개의 직선으로 둘러싸인 평면.
六日(육일) 여섯 번의 낮과 여섯 번의 밤이 지나가는 동안.

훈·음 연상 자동 암기
여섯 번째 육상 선수가 오륙(육)번 넘어지다.

초등학생 1학년이 알아야 할 기본 한자　　3일 차

※ 아래 한자의 훈·음을 읽고 획순을 따라 연필로 바르게 써 보세요.

8급 2획　　　　　　　　　　　　　　　　　七 七

七 | 일곱 **칠** | 뜻 | 단위를 나타내는 말 앞에 쓰여, 그 수량이 일곱임을 나타냄.

훈·음 연상 자동 암기
일곱 개의 별 북두칠성을 보다.

활용한자
七夕(칠석) 음력 칠월 초이렛날의 밤. 음력 7월 7일.
七星(칠성) 북쪽 하늘의 큰곰자리에서 국자 모양으로 뚜렷이 보이는 일곱 개의 별.

8급 2획　　　　　　　　　　　　　　　　　八 八

八 | 여덟 **팔** | 뜻 | '일곱'에 하나를 더한 수.

훈·음 연상 자동 암기
여덟 명이 팔도강산을 구경하다.

활용한자
八字(팔자) 한자 '팔'의 글자 모양. 사람의 타고난 운수나 분수. 생년, 생월, 생일, 생시의 간지 여덟 자.
八道(팔도) 전국을 여덟 개로 나눈 행정 구역. 경기도, 충청도, 경상도, 전라도, 강원도, 황해도, 평안도, 함경도를 말함.

8급 2획　　　　　　　　　　　　　　　　　九 九

九 | 아홉 **구** | 뜻 | 단위를 나타내는 말 앞에 쓰여, 그 수량이 아홉임을 나타냄.

훈·음 연상 자동 암기
아홉 개의 꼬리를 가진 여우는 구미호이다.

활용한자
九十(구십) '십'의 아홉 배가 되는 수. 아흔의 한자어.
九月(구월) 한 해의 열두 달 가운데 아홉 번째 달.

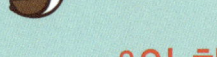

초등학생 1학년이 알아야 할 기본 한자 — 3일 차

※ 아래 한자의 훈·음을 읽고 획순을 따라 연필로 바르게 써 보세요.

8급 2획

十 十 十 十 十 十

열 **십** | 뜻 | '아홉'에 하나를 더한 수.

활용한자
十字(십자) 한자 '십'의 글자와 같은 모양.
十中八九(십중팔구) 열 가운데 여덟이나 아홉 정도로 대부분이거나 거의 틀림 없음.

훈·음 연상 자동 암기
열을 뜻하는 십자 모양의 수를 놓았다.

육서 이해하기

한자는 모양, 소리, 뜻 3가지 요소로 되어 있으며, 한자가 만들어지는 원리, 원칙을 육서(六書)라 합니다.

- 모양 … 一 한 일
- 뜻(訓 : 훈) … 一 한(하나)
- 소리(音 : 음) … 一 일

• **상형문자**(象形文字)

자연이나 물체의 모양을 본떠서 만든 글자.

예 山(메 산) 川(내 천) 日(날 일)

• **지사 문자**(指事文字)

생각이나 뜻 등 추상적인 개념을 선이나 점으로 나타낸 글자.

예 上(윗 상) 下(아래 하) 本(근본 본)

훈·음에 맞는 한자 선으로 연결하기 1

아래 훈·음을 읽고 맞는 한자를 찾아 선으로 연결하세요.

훈·음 읽고 선 긋고 덧쓰면서 공부하기

① 한 일 · · 二重[중]

② 두 이 · · 五色[색]

③ 석 삼 · · 七夕[석]

④ 넉/넷 사 · · 一生[생]

⑤ 다섯 오 · · 九月[월]

⑥ 여섯 육 · · 三國[국]

⑦ 일곱 칠 · · 四方[방]

⑧ 여덟 팔 · · 十字[자]

⑨ 아홉 구 · · 六角[각]

⑩ 열 십 · · 八道[도]

1학년 한자 문장 읽고 쓰기 1

아래 글을 읽고 한자의 음을 연필로 바르게 써 보세요.

초등학교 입학식 날

와! 드디어 초등학교 一☐학년이 되어서 三☐월 四☐일 오전에 입학식이 열리는 학교 강당으로 엄마와 함께 이十☐분 전에 들어갔어요.

저는 1학년 二☐반 九☐번이 쓰여 있는 이름표를 달았습니다.

五☐학년 언니 오빠 八☐명이 오카리나 연주로 입학 축하를 해 주었어요. 그리고 六☐학년 선배님 七☐명이 학용품과 책을 선물로 나누어 주었습니다.

초등학생 1학년이 알아야 할 기본 한자   4일 차

※ 아래 한자의 훈·음을 읽고 획순을 따라 연필로 바르게 써 보세요.

8급 4획   月 月 月 月

| 月 | 月 | 月 | 月 | 月 | |

달 **월** | 뜻 | 지구의 위성. 달을 세는 단위.

훈·음 연상 자동 암기
달을 월요일 밤에 구경하다.

활용한자
月下(월하) 달빛이 내리비치는 아래.
月末(월말) 그달의 끝 무렵.

8급 4획   火 火 火 火

| 火 | 火 | 火 | 火 | 火 | |

불 **화** | 뜻 | 빛과 열을 내면서 타는 불.

훈·음 연상 자동 암기
불의 화력이 너무 세다.

활용한자
火田(화전) 원시적 농사 방법의 하나. 주로 산에 있는 초목에 불을 지르고 그 자리를 파 일구어 농사를 짓는 밭.
火氣(화기) 불에서 나오는 뜨거운 기운.

8급 4획   水 水 水 水

| 水 | 水 | 水 | 水 | 水 | |

물 **수** | 뜻 | 산이나 샘에서 흘러나와 강이나 바다에서 흐르는 액체.

훈·음 연상 자동 암기
바다 물속에서 수영을 하다.

활용한자
水泳(수영) 물속에서 몸을 뜨게 하고 손발을 움직이며 헤엄치는 것.
水分(수분) 물기. 물의 축축한 기운.

초등학생 1학년이 알아야 할 기본 한자

5일 차

※ 아래 한자의 훈·음을 읽고 획순을 따라 연필로 바르게 써 보세요.

8급 4획

一 十 才 木

木

나무 목 | 뜻 | 줄기나 가지가 단단한 목질로 된 여러해살이 식물을 이름.

훈·음 연상 자동 암기

나무를 가지고 목수가 가구를 만들고 있다.

활용한자
木手(목수) 목재를 이용하여 집을 짓거나 여러 가지 물건을 만드는 일을 전문으로 하는 사람.
木材(목재) 건축을 하거나 물건을 만드는 데 쓰이는 나무로 된 재료.

8급 8획

人 ㅅ 亽 仐 仐 全 金 金

金

쇠 금/성 김 | 뜻 | 쇠붙이를 통틀어 이르는 말. 성씨의 하나.

훈·음 연상 자동 암기

쇠붙이에 금색을 칠한 사람의 성은 김씨이다.

활용한자
金賞(금상) 상의 등급을 금, 은, 동으로 정했을 때의 일등 상.
金浦(김포) 경기도 북서부, 한강 하구에 있는 시. 김포시

8급 3획

一 十 土

土

흙 토 | 뜻 | 지구나 달의 표면에 퇴적되어 있는 물질.

훈·음 연상 자동 암기

흙으로 토기를 만들다.

활용한자
黃土(황토) 붉은빛을 띤 누렇고 거무스름한 흙.
土地(토지) 경지, 주택 등으로 사용하는 지면. 땅의 표면

초등학생 1학년이 알아야 할 기본 한자

6일 차

※ 아래 한자의 훈·음을 읽고 획순을 따라 연필로 바르게 써 보세요.

8급 4획   日 冂 日 日

日

날 **일**

뜻 | 하루 동안. 날을 세는 단위.

훈·음 연상 자동 암기
날씨 좋은 일요일에 놀러 가자!

활용한자
日記(일기) 날마다 자신이 겪은 일이나 생각, 느낌 등을 사실대로 적은 기록.
每日(매일) 하루하루의 모든 날마다.

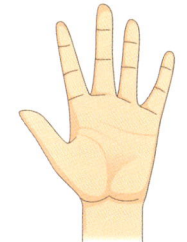

8급 3획   寸 寸 寸

寸

마디 **촌**

뜻 | 손가락 하나 폭 정도의 길이.

훈·음 연상 자동 암기
손가락의 마디로 촌수를 따진다.

활용한자
寸數(촌수) 친족 사이의 멀고 가까운 정도를 나타내는 수.
三寸(삼촌) 아버지나 어머니의 형제를 가리키거나 부르는 말. 결혼하지 않은 남자 형제를 이르거나 부르는 호칭으로 쓰임.

8급 6획   年 年 年 年 年 年

年

해 **년**

뜻 | 벼를 심어 수확하는 기간이 1년으로 한 해의 뜻.

활용한자
新年(신년) 새로 시작되는 해. 새해.
年度(연도) 해를 뜻하는 말 뒤에 쓰여, 일정한 기간으로서의 어느 한 해 동안을 나타내는 말.

훈·음 연상 자동 암기
해가 바뀌면 연(년)도도 바뀐다.

초등학생 1학년이 알아야 할 기본 한자   6일 차

※ 아래 한자의 훈·음을 읽고 획순을 따라 연필로 바르게 써 보세요.

萬萬萬萬萬萬萬萬萬萬萬萬萬

8급 13획

萬	萬	萬	萬	萬	

일만 **만**	뜻 | 천의 열 배.

훈·음 연상 자동 암기

일만 원짜리 지폐를 **만** 장 모으다.

활용한자
萬人(만인) 모든 사람. 매우 많은 사람. 만 명의 사람.
萬代(만대) 여러 대에 걸친 아주 오랜 세월.

육서 이해하기

• **회의문자**(會意文字)

상형문자나 지사문자 등 이미 만들어진 두 글자 이상을 합하여 만든 글자.

예
- 日(날 일) + 月(달 월) = 明(밝을 명)
- 木(나무 목) + 木(나무 목) = 林(수풀 림)
- 女(여자 녀) + 子(아들 자) = 好(좋을 호)

※상형문자(象形文字)는 한자의 육서(六書) 가운데 하나로 물건의 형상을 본떠서 만든 글자이며, 지사문자(指事文字)는 사물의 추상적인 개념을 본떠서 낱말의 뜻을 나타내는 문자이다.

• **형성문자**(形聲文字)

뜻을 나타내는 부분과 음(音)을 나타내는 부분을 합하여 만든 글자.

예
- 木(나무 목) + 寸(마디 촌) = 村(마을 촌)
- 女(여자 녀) + 古(옛 고) = 姑(시어머니 고)

훈·음에 맞는 한자 선으로 연결하기 2

아래 훈·음을 읽고 맞는 한자를 찾아 선으로 연결하세요.

훈·음 읽고 선 긋고 덧쓰면서 공부하기

① 달 월   ·   · 水泳[영]

② 불 화   ·   · 金賞[상]

③ 물 수   ·   · 寸數[수]

④ 나무 목   ·   · 月下[하]

⑤ 쇠 금/성 김   ·   · 火田[전]

⑥ 흙 토   ·   · 木手[수]

⑦ 날 일   ·   · 年度[도]

⑧ 마디 촌   ·   · 萬代[대]

⑨ 해 년   ·   · 土地[지]

⑩ 일만 만   ·   · 日記[기]

21

1학년 한자 문장 읽고 쓰기 2

아래 글을 읽고 한자의 음을 연필로 바르게 써 보세요.

식목일 나무 심는 날

오늘은 4月☐ 5日☐ 식木☐일입니다.

매年☐ 나무를 심는 날이지요.

우리나라 국土☐에 萬☐ 그루의 나무를 심는 행사로 모든 참가자에게 생水☐와 꽃씨도 나누어 주었어요.

소방관인 우리 삼寸☐의 성은 金☐씨입니다. 항상 火☐재 예방을 강조하며 산불을 조심해야 된다고 하셨습니다.

나무가 무럭무럭 잘 자라면 삼촌과 함께 나무에 金☐ 메달을 걸어 주기로 약속했어요.

초등학생 1학년이 알아야 할 기본 한자

7일 차

※ 아래 한자의 훈·음을 읽고 획순을 따라 연필로 바르게 써 보세요.

8급 8획 東 東 東 東 東 東 東 東

東					
동녘 **동**	뜻 | 동쪽 방면.					

훈·음 연상 자동 암기
동녘 하늘 동쪽에서 해가 뜬다.

활용한자
東海(동해) 우리나라 동쪽의 바다.
東西(동서) 동쪽과 서쪽을 아울러 이르는 말.

8급 6획 西 西 西 西 西 西

西					
서녘 **서**	뜻 | 서쪽 방면.					

훈·음 연상 자동 암기
서녘의 노을이 서쪽으로 지다.

활용한자
西海(서해) 서쪽에 있는 바다.
西方(서방) 서쪽의 지방. 해가 지는 쪽.

8급 9획 南 南 南 南 南 南 南 南 南

南					
남녘 **남**	뜻 | 남쪽 방면.					

훈·음 연상 자동 암기
남녘은 남쪽을 이르는 말이다.

활용한자
南山(남산) 남쪽에 있는 산.
南向(남향) 남쪽을 향하고 있음. 남쪽 방향.

초등학생 1학년이 알아야 할 기본 한자

8일 차

※ 아래 한자의 훈·음을 읽고 획순을 따라 연필로 바르게 써 보세요.

8급 5획

北 北 北 北 北

北 북녘 **북** | 뜻 | 북쪽 방면.

훈·음 연상 자동 암기
북녘 하늘에 구름이 북쪽을 향하고 있다.

활용한자
北門(북문) 북쪽에 있는 문.
北韓(북한) 남북으로 분단된 대한민국의 휴전선 북쪽 지역을 가리키는 말.

8급 8획

門 門 門 門 門 門 門 門

門 문 **문** | 뜻 | 집 바깥으로 나가기 위해 만든 시설.

훈·음 연상 자동 암기
양쪽 대문을 열고 문을 통과해 들어갔다.

활용한자
門間(문간) 대문 또는 중문이 있는 곳의 공간.
水門(수문) 물의 흐름을 막거나 유량을 조절하기 위해 여닫을 수 있게 만든 시설.

8급 3획

山 山 山

山 메 **산** | 뜻 | 평지보다 높이 솟아 있는 땅의 부분.

훈·음 연상 자동 암기
메는 산을 예스럽게 이르는 말이다.

활용한자
山林(산림) 수목이 집단적으로 생육하고 있는 산이나 숲.
登山(등산) 운동이나 놀이, 탐험 등의 목적으로 산에 오름.

초등학생 1학년이 알아야 할 기본 한자 — 9일 차

※ 아래 한자의 훈·음을 읽고 획순을 따라 연필로 바르게 써 보세요.

8급 4획

父 父 父 父

父 아버지 **부**

뜻 | 자신에게 혈통을 직접 이어 준 남자를 이르는 말.

훈·음 연상 자동 암기
아버지께서는 아버지의 부모님인 할머니, 할아버지를 그리워하신다.

활용한자
父子(부자) 아버지와 아들.
父母(부모) 아버지와 어머니.

8급 5획

ㄴ 口 口 口 母

母 어머니 **모**

뜻 | 자기를 낳은 여성을 이르거나 부르는 말.

훈·음 연상 자동 암기
어머니가 아기에게 모유를 주다.

활용한자
母子(모자) 어머니와 아들
生母(생모) 친모. 자기를 낳은 어머니.

8급 5획

兄 兄 兄 兄 兄

兄 형 **형**

뜻 | 여러 형제나 자매 중 먼저 태어난 자식. 주로 남자 형제 사이에 많이 씀.

훈·음 연상 자동 암기
형제 중에 나이가 많으면 형이다.

활용한자
兄弟(형제) 형과 아우. 같은 부모에게서 난 형제와 자매, 남매를 통틀어 이르는 말.
親兄(친형) 같은 부모에게서 난 형.

초등학생 1학년이 알아야 할 기본 한자

9일 차

※ 아래 한자의 훈·음을 읽고 획순을 따라 연필로 바르게 써 보세요.

8급 7획

弟弟弟弟弟弟弟

| 弟 | 弟 | 弟 | | | |

아우 제 뜻 | 동기간이나 같은 항렬에 있는 사람 중 나이가 적은 사람.

훈·음 연상 자동 암기
나이가 적은 아우가 제자이다.

활용한자
弟夫(제부) 여자가 자기 여동생의 남편을 이르는 말.
弟子(제자) 지식이나 덕을 갖춘 사람으로부터 가르침을 받는 사람.

육서 이해하기

• **가차문자**(假借文字)

글자의 뜻에 상관없이 음만 빌려서 쓰는 문자.

예
- Asia → 아세아(亞細亞) : 육대주(六大洲)의 하나.
- France → 불란서(佛蘭西) : 서유럽에 있는 공화국.

훈·음에 맞는 한자 선으로 연결하기 ③

아래 훈·음을 읽고 맞는 한자를 찾아 선으로 연결하세요.

훈·음 읽고 선 긋고 덧쓰면서 공부하기

① 동녘 동 · · 北韓[한]

② 서녘 서 · · 門間[간]

③ 남녘 남 · · 東海[해]

④ 북녘 북 · · 山林[림]

⑤ 문 문 · · 西方[방]

⑥ 메 산 · · 弟夫[부]

⑦ 아버지 부 · · 南山[산]

⑧ 어머니 모 · · 兄弟[제]

⑨ 형 형 · · 父母[모]

⑩ 아우 제 · · 母子[자]

1학년 한자 문장 읽고 쓰기 3

아래 글을 읽고 한자의 음을 연필로 바르게 써 보세요.

가족 여행 동해바다

우리나라 동쪽에 있는 바다, 東☐해로 가족 여행을 떠났어요. 그곳에 도착해서 우리 가족은 제일 먼저 南北☐☐ 통일을 염원하는 전시관을 구경했어요.

그리고 전시관 西門☐☐을 통해 밖으로 나와서 父母☐☐님이 잘 아시는 山☐ 근처의 소문난 맛집으로 들어갔습니다.

식당 주인아주머니께서 우리를 보더니 兄弟 ☐☐가 참 잘생겼고, 둘이 꼭 닮았다며 칭찬해 주셨습니다.

초등학생 1학년이 알아야 할 기본 한자

10일 차

※ 아래 한자의 훈·음을 읽고 획순을 따라 연필로 바르게 써 보세요.

8급 3획　　　　　　　　　　　　　　　　　　小 小 小

小
작을 **소**	뜻	부피, 넓이 등이 일정한 기준이나 보통보다 덜한 상태.

훈·음 연상 자동 암기
작으면 작을수록 더 귀여운 소품들이 많다.

활용한자
小品(소품) 주로 장식용으로 쓰이는 작은 물품.
小心(소심) 마음이 너그럽지 못하거나 대범하지 못함.

8급 4획　　　　　　　　　　　　　　　　　　中 口 口 中

中
가운데 **중**	뜻	어느 한쪽으로 치우치지 않은 한복판.

훈·음 연상 자동 암기
무엇이든 가운데가 중앙이다.

활용한자
中心(중심) 중요하고 기본이 되는 부분. 사물이나 일정한 장소의 가장 가운데가 되는 곳.
中間(중간) 어떤 일이 아직 끝나지 않아 진행 중인 상황. 두 사물의 사이. 등급이나 서열의 한가운데.

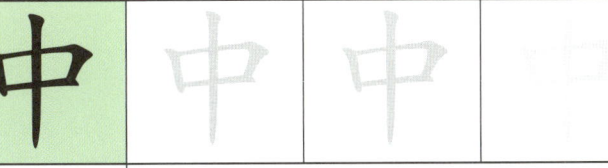

8급 3획　　　　　　　　　　　　　　　　　　大 大 大

大
큰 **대**	뜻	다른 일반의 것과 비교하여 그 정도가 더한 상태.

훈·음 연상 자동 암기
양팔과 다리를 벌린 큰 모습이 대자이다.

활용한자
大門(대문) 집 바깥으로 통하게 하기 위해 만든 커다란 문.
大學(대학) 고등학교 졸업 후 입학하는 학교.

초등학생 1학년이 알아야 할 기본 한자

11일 차

※ 아래 한자의 훈·음을 읽고 획순을 따라 연필로 바르게 써 보세요.

8급 17획

韓 韓 十 十 古 古 古 盲 卓 韩 韓 韓 韓 韓 韓

韓 韓 韓 韓 韓

한국 **한** | 뜻 | 대한민국의 약칭. 나라의 이름.

활용한자
韓人(한인) 한민족에 속하는 사람. 한국인으로서 특히 외국에 나가 살고 있는 사람을 이르는 말.
韓服(한복) 예부터 전해 오는 우리나라의 전통 의복.

훈·음 연상 자동 암기
한국인의 전통의상 한복을 입다.

8급 5획

民 民 民 民 民

民 民 民 民 民

백성 **민** | 뜻 | 사람, 공민, 인민, 즉 '백성'을 뜻하는 말.

활용한자
民生(민생) 일반 국민의 생활이나 생계.
民間(민간) 관청이나 정부와 같은 공적인 기관에 속하지 않음. 일반 서민들의 사회.

훈·음 연상 자동 암기
백성들이 민주화운동을 하다.

8급 11획

丨 冂 冂 冋 冋 冋 囗 國 國 國 國

國 國 國 國 國

나라 **국** | 뜻 | 국민이 주권을 가지고 거주하는 영토나 그것들의 총체.

활용한자
國民(국민) 국가를 구성하는 사람. 그 나라의 국적을 가진 사람.
國歌(국가) 한 나라를 대표·상징하는 것. 제정되어 널리 부르도록 나라에서 정한 노래.

훈·음 연상 자동 암기
나라를 상징하는 기는 국기이다.

초등학생 1학년이 알아야 할 기본 한자

12일 차

※ 아래 한자의 훈·음을 읽고 획순을 따라 연필로 바르게 써 보세요.

8급 3획　　　　　　　　　　　　　　　　　　　　ㄑ 女 女

| 女 | 女 | 女 | | | |

여자 **녀/여** ｜ 뜻 ｜ 여성으로 태어난 사람.

활용한자
女人(여인) 성인이 된 여자.
女軍(여군) 여자 군인. 또는 여자 군인으로 조직된 군대.

훈·음 연상 자동 암기
여성으로 태어난 사람을 여자 또는 여(녀)라고 한다.

8급 9획　　　　　　　　　　　　　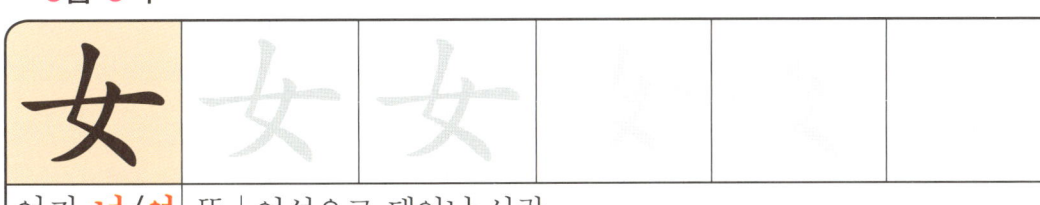

| 軍 | 軍 | 軍 | | | |

군사 **군** ｜ 뜻 ｜ 예전에 군인이나 군대를 이르던 말.

활용한자
軍人(군인) 군대에서 복무하는 장교, 부사관, 병사를 이르는 말.
軍事(군사) 군대, 군비, 전쟁 등과 같은 군대에 관한 일을 통틀어 이르는 말.

훈·음 연상 자동 암기
군사에 관한 일은 군인이 한다.

8급 2획　　　　　　　　　　　　　　　　　　　　　人 人

| 人 | 人 | 人 | | | |

사람 **인** ｜ 뜻 ｜ 생각을 하고, 언어와 도구를 사용하며, 사회를 이뤄 사는 동물.

활용한자
人間(인간) 직립 보행을 하며, 사고와 언어 능력을 바탕으로 문명과 사회를 이루고 사는 고등동물.
人生(인생) 사람이 세상을 살아가는 일.

훈·음 연상 자동 암기
사람은 인간이다.

31

초등학생 1학년이 알아야 할 기본 한자   12일 차

 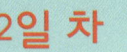 

※ 아래 한자의 훈·음을 읽고 획순을 따라 연필로 바르게 써 보세요.

8급 5획   丿 ㄅ 夘 外 外

| 外 | 外 | 外 | | | |

바깥 외 | 뜻 | 안을 기준으로 그 반대편.

훈·음 연상 자동 암기

집 바깥으로 외출을 하고 돌아왔다.

外國(외국) 자기 나라가 아닌 다른 나라.
外出(외출) 집이나 회사 등에서 벗어나 잠시 밖으로 나감.

육서 이해하기

- **전주문자**(轉注文字)
하나의 글자가 쓰임에 따라 훈과 음이 다르게 쓰이는 문자.

예 · 樂   ① 즐길 락 → 娛樂(오락) : 게임, 노래, 춤 등을 하며 재미있게 놀아서 기분을 즐겁게 하는 일.

       ② 노래 악 → 音樂(음악) : 박자, 가락, 음성, 화성 등을 갖가지 형식으로 조화시키고 결합하여, 목소리나 악기를 통하여 사상 또는 감정을 나타내는 예술.

       ③ 좋아할 요 → 樂山樂水(요산요수) : 산수의 경치를 즐김.

· 更   ① 고칠 경 → 更新(경신) : 이미 있는 제도를 고쳐 새롭게 함. 기록경기에서, 종전의 기록을 깨뜨리고 더 좋은 기록을 냄.

       ② 다시 갱 → 更生(갱생) : 죽을 지경에서 다시 살아남. 생활 태도나 정신이 본래의 바람직한 상태로 되돌아감.

· 降   ① 내릴 강 → 降雨(강우) : 비가 내림.

       ② 항복할 항 → 降伏(항복) : 상대편 힘에 눌려 굴복함.

훈·음에 맞는 한자 선으로 연결하기 4

아래 훈·음을 읽고 맞는 한자를 찾아 선으로 연결하세요.

훈·음 읽고 선 긋고 덧쓰면서 공부하기

① 작을 소 ·   · 韓服[복]

② 가운데 중 ·   · 小品[품]

③ 큰 대   ·   · 女人[인]

④ 한국 한   ·   · 中心[심]

⑤ 백성 민   ·   · 軍事[사]

⑥ 나라 국   ·   · 大門[문]

⑦ 여자 녀/여 ·   · 外出[출]

⑧ 군사 군   ·   · 民生[생]

⑨ 사람 인   ·   · 國民[민]

⑩ 바깥 외   ·   · 人間[간]

1학년 한자 문장 읽고 쓰기 4

아래 글을 읽고 한자의 음을 연필로 바르게 써 보세요.

나라를 사랑하는 멋진 우리 오빠

우리나라 이름은 大韓民國 ☐☐☐☐ 입니다. 정말로 아름답고 자랑스러운 나라지요. 저는 현재 中☐학교를 다니는 女☐학생입니다.

오빠는 군에 입대하여 멋진 軍人☐☐이 되어 나라를 지키고 있습니다. 小☐심한 마음을 버리고 항상 나라를 위해 대범하고 바르게 행동합니다. 오빠는 外☐출할 때 군복을 입은 모습도 정말 멋있습니다.

초등학생 1학년이 알아야 할 기본 한자

13일 차

※ 아래 한자의 훈·음을 읽고 획순을 따라 연필로 바르게 써 보세요.

8급 16획

學學學學學學學學學學學學學學學學

| 學 | 學 | 學 | 學 | 學 |

배울 **학** | 뜻 | 새로운 지식이나 교양, 기술을 익히다. 본받아 따르다.

훈·음 연상 자동 암기
무엇이든 배울 수 있는 곳이 학교다.

 學生(학생) 배우는 사람. 주로 학교에 다니며 공부하는 사람을 이른다.
入學(입학) 공부를 할 목적으로 학교에 들어감.

8급 10획

校校校校校校校校校校

| 校 | 校 | 校 | 校 | 校 |

학교 **교** | 뜻 | 여러 학생들이 교사의 지도에 따라 교육이 이루어지는 곳.

훈·음 연상 자동 암기
학교에서 교장 선생님께 인사를 드린다.

 校內(교내) 학교 안.
校門(교문) 학교 정면에 있는 출입문.

8급 8획

長長長長長長長長

| 長 | 長 | 長 | 長 | 長 |

길/어른 **장** | 뜻 | 다 자란 사람. 지위나 나이, 항렬이 자기보다 높은 사람.

훈·음 연상 자동 암기
수염이 긴 어른을 장기간 뵙지 못했다.

 長男(장남) 그 집안에서 가장 큰아들.
家長(가장) 한집안의 생계를 책임지고 꾸려 가는 사람. 또는 집안을 대표하는 남자 어른.

초등학생 1학년이 알아야 할 기본 한자

14일 차

※ 아래 한자의 훈·음을 읽고 획순을 따라 연필로 바르게 써 보세요.

先 先 先 先 先 先

8급 6획

先

먼저 **선** | 뜻 | 시간상으로나 순서상으로 다른 것에 앞서다.

훈·음 연상 자동 암기
먼저 달리는 사람이 선두이다.

활용한자
先生(선생) 학생을 가르치는 사람을 두루 이르는 말.
先行(선행) 다른 일에 앞서 행함. 다른 것보다 시간적으로 앞에 있거나 앞서 이루어짐.

生 生 生 生 生

8급 5획

生

날 **생** | 뜻 | 몸 밖으로 내놓다. 표면 위로 나오다.

훈·음 연상 자동 암기
내가 태어난 다음 날이 아이의 생일이다.

활용한자
生物(생물) 생명을 가지고 스스로 살아가는 것.
生活(생활) 생명이 있는 동안 살아서 경험하고 활동함.

教 教 教 教 教 教 教 教 教 教 教

8급 11획

教

가르칠 **교** | 뜻 | 깨닫거나 익히게 하다. 알도록 이르다.

훈·음 연상 자동 암기
내가 아이들에게 가르칠 교육은 다양하다.

활용한자
教室(교실) 교육 기관에서 학생들에 수업이 이루어지는 방.
教育(교육) 사회생활에 필요한 지식이나 기술 및 바람직한 인성과 체력을 갖도록 가르치는 활동.

초등학생 1학년이 알아야 할 기본 한자   15일 차

※ 아래 한자의 훈·음을 읽고 획순을 따라 연필로 바르게 써 보세요.

8급 9획

室室室室室室室室室

室

집 **실** | 뜻 | 사람이 살거나 활동할 수 있도록 지은 건축물.

훈·음 연상 자동 암기
우리 가족은 집안 실내에서 주로 활동한다.

활용한자
王室(왕실) 왕의 집안.
室內(실내) 집 또는 건물의 안.

8급 4획

王 王 王 王

王

임금 **왕** | 뜻 | 군주 국가에서 나라를 다스리는 우두머리.

훈·음 연상 자동 암기
임금님은 항상 왕관을 쓰셨다.

활용한자
王子(왕자) 임금의 아들.
王國(왕국) 왕이 다스리는 나라.

8급 8획

靑 靑 靑 靑 靑 靑 靑 靑

靑

푸를 **청** | 뜻 | 맑은 하늘빛이나 풀빛과 같은 색을 띤 상태.

훈·음 연상 자동 암기
젊고 푸를 나이가 청춘이다.

활용한자
靑春(청춘) 한창 젊고 건강한 나이. 그런 시절을 봄철에 비유한 말.
靑色(청색) 맑은 하늘이나 바다와 같이 밝고 선명한 푸른색.

37

초등학생 1학년이 알아야 할 기본 한자

15일 차

※ 아래 한자의 훈·음을 읽고 획순을 따라 연필로 바르게 써 보세요.

8급 5획

| 白 | 白 | 白 | 白 | 白 | |

| 흰 백 | 뜻 \| 색이 눈이나 우유의 빛깔과 같이 하얗다. |

훈·음 연상 자동 암기

흰색 천으로 만든 **백**기를 흔들다.

활용한자
白人(백인) 백색 인종에 속하는 사람.
白米(백미) 깨끗하고 희게 찧은 멥쌀. 흰쌀.

훈·음에 맞는 한자 선으로 연결하기 5

아래 훈·음을 읽고 맞는 한자를 찾아 선으로 연결하세요.

훈·음 읽고 선 긋고 덧쓰면서 공부하기

1. 배울 학 · · 長男[남]
2. 학교 교 · · 先行[행]
3. 길/어른 장 · · 生活[활]
4. 먼저 선 · · 校門[문]
5. 날 생 · · 學生[생]
6. 가르칠 교 · · 青春[춘]
7. 집 실 · · 白米[미]
8. 임금 왕 · · 室内[내]
9. 푸를 청 · · 教室[실]
10. 흰 백 · · 王子[자]

1학년 한자 문장 읽고 쓰기 5

아래 글을 읽고 한자의 음을 연필로 바르게 써 보세요.

즐거운 학교생활과 친구들

學校 ☐☐ 에 가면 교문 앞에서 우리와 반갑게 인사를 나누는 교長 ☐ 선생님도 좋고, 친구들을 만날 수 있어서 너무 즐거워요.

음악 시간에는 敎室 ☐☐ 에서 先生 ☐ ☐ 님과 함께 아이들이 재미있게 노래를 부릅니다.

그리고 가을이 되면 운동회가 열리는 날, 편을 나누어 "靑 ☐ 군 이겨라, 白 ☐ 군 이겨라!" 모두가 응원을 합니다. 육상경기에서 일등을 하면 친구들이 王 ☐ 처럼 대우를 해 줍니다.

1학년이 알아야 할 부수 한자

덧쓰고 그림연상하고 눈으로 익히기 [1]

1획

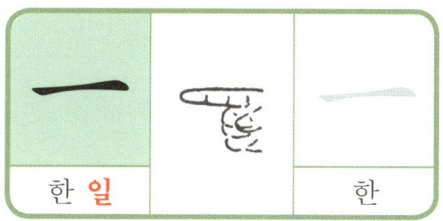
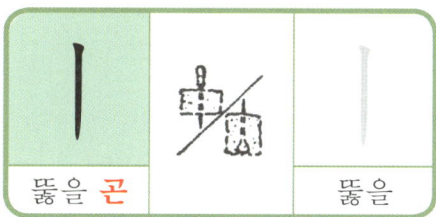
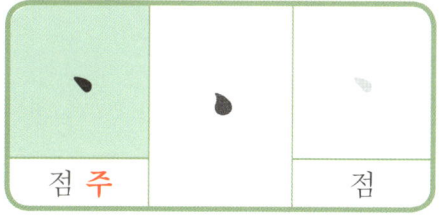

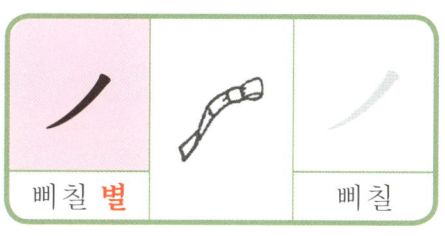

2획

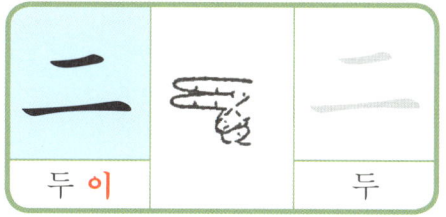

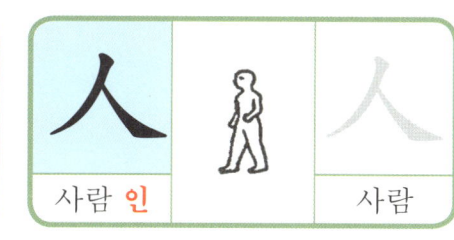

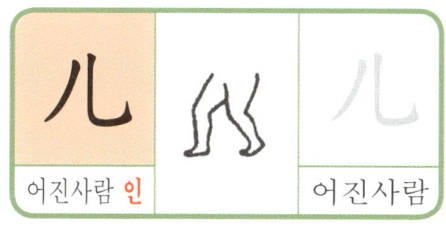

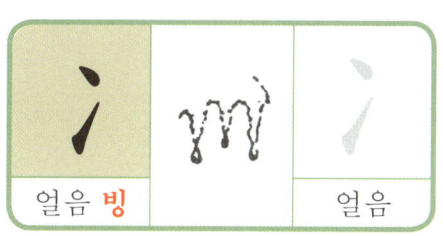

1학년이 알아야 할 부수 한자
덧쓰고 그림연상하고 눈으로 익히기 [2]

 안석 궤 / 안석
 입벌릴 감 / 입벌릴
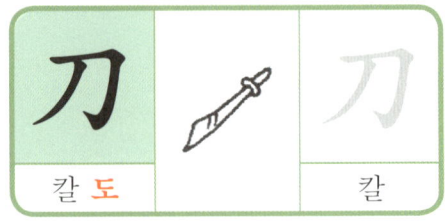 칼 도 / 칼

 힘 력 / 힘
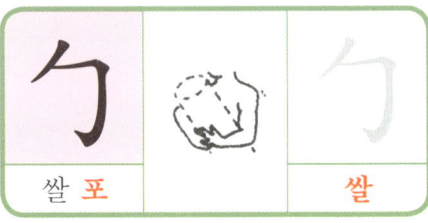 쌀 포 / 쌀
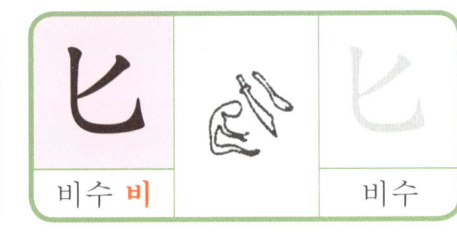 비수 비 / 비수

 상자 방 / 상자
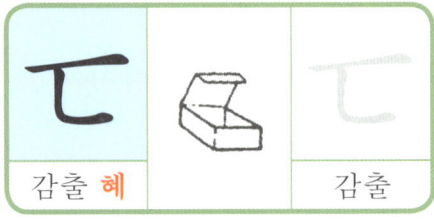 감출 혜 / 감출
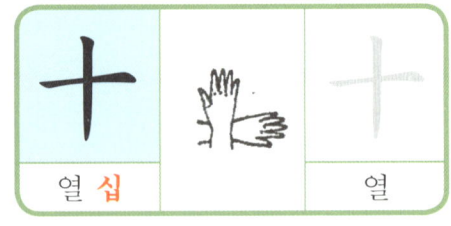 열 십 / 열

 점 복 / 점
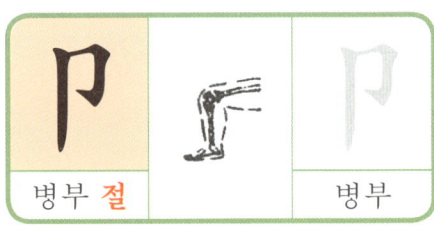 병부 절 / 병부
 언덕 한 / 언덕

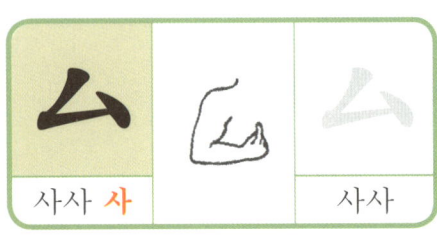 사사 사 / 사사
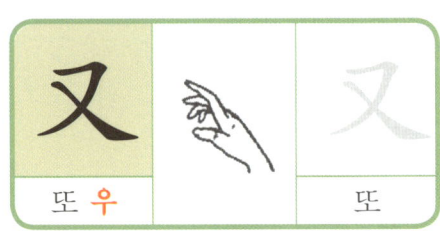 또 우 / 또

1학년이 알아야 할 부수 한자
덧쓰고 그림연상하고 눈으로 익히기 [3]

3획

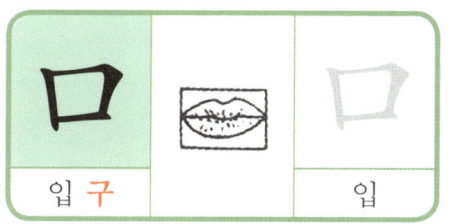
입 구 / 입

에울 위/나라 국 / 에울/나라

흙 토 / 흙

선비 사 / 선비

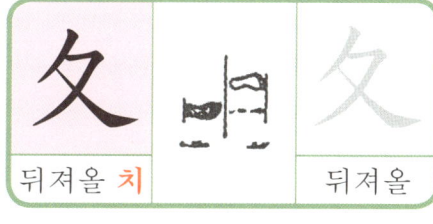
뒤져올 치 / 뒤져올

천천히걸을 쇠 / 천천히걸을

저녁 석 / 저녁

큰 대 / 큰

여자 녀 / 여자

아들 자 / 아들

집 면 / 집

마디 촌 / 마디

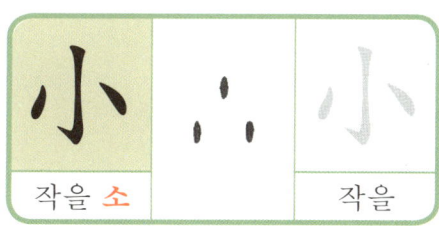
작을 소 / 작을

절름발이 왕 / 절름발이

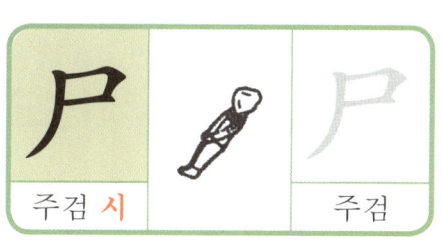
주검 시 / 주검

1학년이 알아야 할 부수 한자
덧쓰고 그림연상하고 눈으로 익히기 [4]

싹날 철 | 싹날   메 산 | 메   내 천 | 내

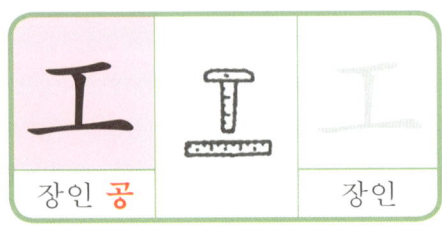 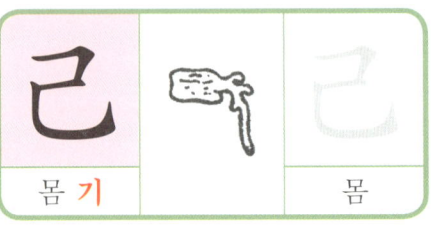 

장인 공 | 장인   몸 기 | 몸   수건 건 | 수건

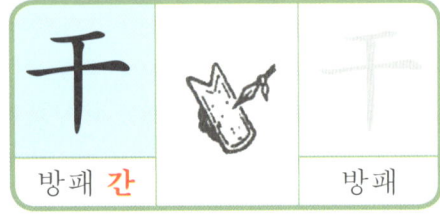 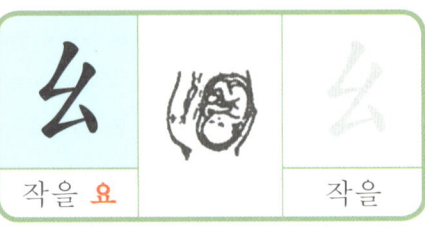 

방패 간 | 방패   작을 요 | 작을   집 엄 | 집

 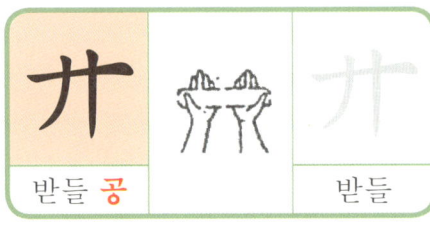 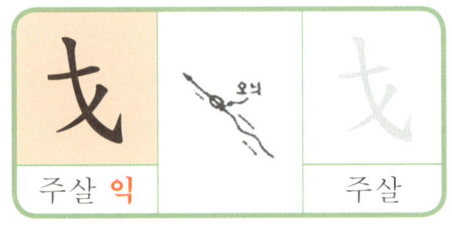

끌 인 | 끌   받들 공 | 받들   주살 익 | 주살

활 궁 | 활   돼지머리 계 | 돼지머리   터럭 삼 | 터럭   자축거릴 척 | 자축거릴

44

2학년이 알아야 할 한자 105자
하루 3자씩 공부하기

- 초등학생 2학년 배정 한자 105자
- 초등학생 2학년이 알아야 할 기본 한자
  <1일 차 **집 가 家** ~ 35일 차 **쉴 휴 休**>
- 훈·음에 맞는 한자 선 긋고 음 쓰기
- 2학년 한자 문장 읽고 쓰기
- 2학년이 알아야 할 부수한자
  덧쓰고 그림연상하고 눈으로 익히기

초등학생 2학년 배정 한자 105자

家	歌	間	江	車	工	空	口	記	氣
집 가	노래 가	사이 간	강 강	수레 거/차	장인 공	빌 공	입 구	기록할 기	기운 기
旗	男	內	農	答	道	同	洞	冬	動
기 기	사내 남	안 내	농사 농	대답 답	길 도	한가지 동	골 동/밝을 통	겨울 동	움직일 동

登	來	力	老	里	林	立	每	面	名
오를 등	올 래	힘 력	늙을 로	마을 리	수풀 림	설 립	매양 매	낯 면	이름 명
命	問	文	物	方	百	夫	不	事	算
목숨 명	물을 문	글월 문	물건 물	모 방	일백 백	지아비 부	아닐 불/부	일 사	셈 산

上	色	夕	姓	世	少	所	手	數	市
윗 상	빛 색	저녁 석	성씨 성	인간 세	적을 소	바 소	손 수	셈 수	저자 시
時	食	植	心	安	語	然	午	右	有
때 시	밥/먹을 식	심을 식	마음 심	편안 안	말씀 어	그럴 연	낮 오	오른쪽 우	있을 유

育	邑	入	子	字	自	場	全	前	電
기를 육	고을 읍	들 입	아들 자	글자 자	스스로 자	마당 장	온전할 전	앞 전	번개 전
錢	傳	專	轉	節	絕	正	祖	足	左
돈 전	전할 전	오로지 전	구를 전	마디 절	끊을 절	바를 정	할아버지 조	발 족	왼 좌

主	住	重	地	紙	直	千	天	川	村
임금/주인 주	살 주	무거울/거듭 중	땅 지	종이 지	곧을 직	일천 천	하늘 천	내 천	마을 촌
秋	春	出	便	平	下	夏	漢	海	花
가을 추	봄 춘	날 출	편할 편/똥오줌 변	평평할 평	아래 하	여름 하	한수/나라 한	바다 해	꽃 화

話	活	孝	後	休
말씀 화	살 활	효도 효	뒤 후	쉴 휴

초등학생 2학년이 알아야 할 기본 한자   1일 차

※ 아래 한자의 훈·음을 읽고 획순을 따라 연필로 바르게 써 보세요.

7급 10획

家家家家家家家家家家

집 가

뜻 | 사람이 들어 살거나 활동할 수 있도록 지은 건축물.

훈·음 연상 자동 암기
우리 집 가족은 함께 모여 산다.

활용한자
家事(가사) 살림을 꾸려 나가는 일.
家族(가족) 부부를 중심으로해 그로부터 생겨난 아들, 딸, 손자, 손녀 등으로 구성된 집단.

7급 14획

歌歌歌歌哥歌哥哥哥哥歌歌歌歌

노래 가

뜻 | 일정한 형식의 말에 음을 붙인 것을 목소리로 내어 부르는 것.

훈·음 연상 자동 암기
저 사람은 노래를 잘 부르기로 유명한 가수이다.

활용한자
歌曲(가곡) 시에다가 곡을 붙여 만든 서정적인 노래.
歌手(가수) 노래 부르는 것을 직업으로 삼는 사람.

7급 12획

間間間間間間門門問問間間

사이 간

뜻 | 어느 때에서 다른 때까지의 동안. 한곳에서 다른 곳까지의 공간.

훈·음 연상 자동 암기
차문 사이의 간격이 벌어져 해가 비치다.

활용한자
間食(간식) 끼니 사이에 음식을 간단히 먹음. 또는 그 음식.
時間(시간) 과거, 현재, 미래로 이어져 머무름이 없이 일정한 빠르기로 무한히 연속되는 흐름.

초등학생 2학년이 알아야 할 기본 한자

2일 차

※ 아래 한자의 훈·음을 읽고 획순을 따라 연필로 바르게 써 보세요.

7급 6획

江江江江江江

| 江 | 江 | 江 | 江 | 江 | |

강 **강** | 뜻 | 넓고 길게 흐르는 큰 물줄기.

훈·음 연상 자동 암기
강가에 서서 강물을 보다.

활용한자
江山(강산) 강과 산. 자연의 경치.
漢江(한강) 우리나라 서울을 중심으로 한 중부를 지나 서해로 흐르는 강.

7급 7획

車車車車車車車

| 車 | 車 | 車 | 車 | 車 | |

수레 **거/차** | 뜻 | 사람이 타거나 짐을 나르는 용도로 바퀴를 달아 만든 운송 수단.

훈·음 연상 자동 암기
수레와 자전거를 차에 싣고 가다.

활용한자
自轉車(자전거) 발로 페달을 밟아 바퀴를 움직이게 하여 타는 것.
自動車(자동차) 원동기로 바퀴를 굴려서 땅 위를 주행하며, 사람이나 화물을 운반하도록 만든 차.

7급 3획

工工工

| 工 | 工 | 工 | 工 | 工 | |

장인 **공** | 뜻 | 손으로 물건을 만드는 일에 종사하는 사람. 예술가를 이르는 말.

훈·음 연상 자동 암기
공방에서 장인이 공구로 뚝딱 물건을 만들어내다.

활용한자
工夫(공부) 학문이나 기술 등을 배우고 익힘.
工作(공작) 노력이나 기술을 들여 물건을 만듦.

초등학생 2학년이 알아야 할 기본 한자 3일 차

※ 아래 한자의 훈·음을 읽고 획순을 따라 연필로 바르게 써 보세요.

7급 8획

空空空空空空空空

空

빌 공 | 뜻 | 공간에 사람, 사물 등이 들어있지 않다.

활용한자 空間(공간) 아무것도 없는 빈 곳.
空中(공중) 하늘과 땅 사이의 빈 곳.

훈·음 연상 자동 암기
저기 비어 있는 빈(빌) 공간은 무대이다.

7급 3획

口口口

口

입 구 | 뜻 | 말을 하고 음식을 먹을 수 있는 입술에서 후두까지의 부분.

활용한자 口語(구어) 직접 입으로 주고받는 말. 일상적인 대화에서 쓰는 말.
食口(식구) 같은 집에서 살며 끼니를 함께 하는 사람.

훈·음 연상 자동 암기
입안의 구강이 청결해야 한다.

7급 10획

記記記記記記記記記記

記

기록할 기 | 뜻 | 후일에 남길 목적으로 어떤 사실을 적음.

활용한자 記事(기사) 신문, 잡지 등에 실린 어떠한 사실을 알리는 글.
日記(일기) 날마다 자신이 겪은 일이나 생각, 느낌 등을 사실대로 적은 기록.

훈·음 연상 자동 암기
기록할 만한 것은 신문 기사로 쓴다.

49

초등학생 2학년이 알아야 할 기본 한자   4일 차

※ 아래 한자의 훈·음을 읽고 획순을 따라 연필로 바르게 써 보세요.

7급 10획   氣氣氣气气氕气氣氣氣

氣 氣 氣

기운 **기**   뜻 | 생물의 살아 움직이는 힘.

훈·음 연상 자동 암기
기운이 넘치고 기세가 당당하다.

활용한자
氣運(기운) 생물의 살아 움직이는 힘.
勇氣(용기) 굳세고 씩씩한 기운.

7급 14획   旗旗旗方方方方旅旂旂旗旗旗旗

旗 旗 旗

기 **기**   뜻 | 몸 밖으로 내놓다. 표면 위로 나오다.

훈·음 연상 자동 암기
기를 들고 신호를 주는 사람이 기수이다.

활용한자
國旗(국기) 나라를 상징하는 기.
靑旗(청기) 푸른 빛깔의 기.

7급 7획   男男男男男男男

男 男 男

사내 **남**   뜻 | 한창때의 젊고 씩씩한 남자를 이르는 말.

훈·음 연상 자동 암기
씩씩한 사내가 정말 남자이다.

활용한자
男子(남자) 남성의 성을 지닌 사람.
美男(미남) 얼굴이 잘생긴 남자.

훈·음에 맞는 한자 선 긋고 음 쓰기 ①

아래 훈·음을 읽고 맞는 한자를 찾아 선 긋고 음을 쓰세요.

한자 바르게 연결하고 빈칸 낱말 완성하기

집 가   노래 가   사이 간   강 강   수레 거/차   장인 공

間食   自動車   家族   工夫   歌手   江山
| | 식 | | 자 | 동 | | 족 | | 부 | | 수 | | 산 |

빌 공   입 구   기록할 기   기운 기   기 기   사내 남

日記   勇氣   國旗   空中   美男   食口
| 일 | | 용 | | 국 | | 중 | | 미 | | 식 | |

2학년 한자 문장 읽고 쓰기 1

아래 글을 읽고 한자의 음을 연필로 바르게 써 보세요.

한강 시민공원

오늘은 좋아하는 歌☐수 공연을 보려고 우리 家☐족이 자동車☐를 타고, 한江☐ 시민공원으로 총출동했습니다.

입口☐에는 만국旗☐가 펄럭이고, 男☐자 안내 요원이 안내를 합니다.

하늘은 맑고 空☐氣☐는 깨끗해 잔디밭에서 間☐식도 맛있게 먹었습니다.

재미있게 놀고 집으로 돌아와 한자 工☐부도 하고, 일記☐도 쓰며, 알차게 하루를 보냈습니다.

초등학생 2학년이 알아야 할 기본 한자   5일 차

※ 아래 한자의 훈·음을 읽고 획순을 따라 연필로 바르게 써 보세요.

7급 4획   內 內 內 內

內
안 내 | 뜻 | 어느 범위 안. 일정한 둘레 속에 있는 공간.

훈·음 연상 자동 암기
행사장 안에서 안내를 하다.

활용한자
市內(시내) 도시의 안. 도시의 중심가.
內外(내외) 안과 밖 또는 남편과 아내를 아울러 이르는 말.

7급 13획   農 農 農 農 農 農 農 農 農 農 農

農
농사 농 | 뜻 | 논이나 밭에 씨를 뿌리고 가꾸어 거두는 일.

훈·음 연상 자동 암기
농사일은 농부가 전문이다.

활용한자
農夫(농부) 농사를 짓는 사람.
農民(농민) 농사를 생업으로 하는 사람.

7급 12획   答 答 答 答 答 答 答 答 答 答

答
대답 답 | 뜻 | 물음이나 부름, 또는 요구 등에 응하여 말함.

훈·음 연상 자동 암기
물어보면 우선 이름으로 대답하고 정답을 말하다.

활용한자
正答(정답) 어떤 문제에 대한 옳은 답.
問答(문답) 물음과 대답. 또는 서로 묻고 대답함.

초등학생 2학년이 알아야 할 기본 한자   6일 차

※ 아래 한자의 훈·음을 읽고 획순을 따라 연필로 바르게 써 보세요.

7급 13획 道道道道道道道道道道道道道

道
길 도 | 뜻 | 다니는 길. 땅 위에 낸 일정한 너비의 공간.

활용한자
市道(시도) 행정 구획으로 나눈 시와 도. 도로 종류의 하나.
道路(도로) 사람이나 차 등이 다닐 수 있도록 땅 위에 만들어 놓은 넓은 길.

훈·음 연상 자동 암기
길은 도로를 뜻한다.

7급 6획 丨冂冂冋同同

同
한가지 동 | 뜻 | 사물의 형태나 성질, 동작 등이 서로 같은 것.

활용한자
同生(동생) 같은 부모에게서 태어난 자식 가운데 나이가 적은 사람을 부르는 말.
同文(동문) 같은 학교를 다니거나 같은 스승에게서 배운 사람.

훈·음 연상 자동 암기
한가지에서 태어난 이 아기는 내 동생이다.

7급 9획 洞洞洞洞洞洞洞洞洞

洞
골 동/밝을 통 | 뜻 | 군청이 위치한 지역 사회. 뚜렷하게 잘 보일 정도로 환하다.

활용한자
洞民(동민) 한동네에 모여 사는 사람.
洞長(동장) 동네의 우두머리. 행정 구역의 동을 대표하여 일을 맡아보는 사람.

훈·음 연상 자동 암기
우리는 모두 한 고을(골) 동네에 살다.

초등학생 2학년이 알아야 할 기본 한자   7일 차

※ 아래 한자의 훈·음을 읽고 획순을 따라 연필로 바르게 써 보세요.

7급 5획   冬 夂 冬 冬 冬

冬 겨울 **동** | 뜻 | 한 해 중 제일 추운 계절.

훈·음 연상 자동 암기
겨울에 동상을 조심해야 한다.

활용한자
冬服(동복) 겨울에 입는 옷.
立冬(입동) 이십사절기의 하나로 년 중 겨울이 시작된다는 날.

7급 11획   動動動動動動重重動動

動 움직일 **동** | 뜻 | 고정된 자세에서 변화된 자세로 바꾸다.

훈·음 연상 자동 암기
움직일 수 있게 동물을 교육시키다.

활용한자
生動(생동) 생기 있게 살아 움직임.
行動(행동) 몸을 움직여 어떤 동작을 하거나 일을 함.

7급 12획   癶 癶 癶 癶 癶 癶 登 登 登 登

登 오를 **등** | 뜻 | 높은 곳으로 가기 위해 위쪽으로 움직여 가다.

훈·음 연상 자동 암기
나는 오를 수 있는 산만 등산한다.

활용한자
登校(등교) 학생이 학교에 감.
登山(등산) 운동이나 놀이, 탐험 등의 목적으로 산에 오름.

초등학생 2학년이 알아야 할 기본 한자

8일 차

※ 아래 한자의 훈·음을 읽고 획순을 따라 연필로 바르게 써 보세요.

7급 8획 來來來來來來來來

來 올 래 | 뜻 | 일정한 기준 시점까지 진행되거나 가까워짐을 나타내는 말.

훈·음 연상 자동 암기
친구야 우리 집에 내일 또 올래?

활용한자
來日(내일) 오늘의 바로 다음 날.
來年(내년) 올해의 바로 다음에 오는 해.

7급 2획 ㄱ 力

力 힘 력 | 뜻 | 스스로 활동할 수 있는 에너지.

훈·음 연상 자동 암기
힘이 세다고 쉽게 역기를 들 수는 없다.

활용한자
人力(인력) 인간의 노동력. 사람의 힘.
力道(역도) 사람의 체중에 따라 일정한 무게의 역기를 들어 올리는 운동 경기.

7급 6획 老老老老老老

老 늙을 로 | 뜻 | 나이를 많이 먹다.

훈·음 연상 자동 암기
늙을수록 노(로)인은 건강에 신경써야 한다.

활용한자
老人(노인) 나이가 많이 들어 늙은 사람.
老化(노화) 생물이나 기관이 시간이 지남에 따라 성질이나 기능이 약하게 됨.

훈·음에 맞는 한자 선 긋고 음 쓰기 2

아래 훈·음을 읽고 맞는 한자를 찾아 선 긋고 음을 쓰세요.

한자 바르게 연결하고 빈칸 낱말 완성하기

안 내   농사 농   대답 답   길 도   한가지 동   골 동

道路   洞長   同生   農夫   市內   正答

| 로 | 장 | 생 | 부 | 시 | 정 |

겨울 동   움직일 동   오를 등   올 래   힘 력   늙을 로

登校   冬服   來日   老人   行動   力道

| 교 | 복 | 일 | 인 | 행 | 도 |

2학년 한자 문장 읽고 쓰기 2

아래 글을 읽고 한자의 음을 연필로 바르게 써 보세요.

동계올림픽 개최

국內☐ 최대 규모의 스키장이 있는 강원道☐에서 冬☐계올림픽이 개최되었습니다. 아빠는 체력은 국力☐이라며 나와 同☐생과 함께 登☐산을 마치고 내려와 農☐촌과 도시, 남녀老☐소 할 것 없이 심지어 洞☐장님까지 함께 올림픽 선수들을 응원했습니다. 來☐일은 운動☐ 경기가 열리는 곳에서 정答☐을 맞히면 푸짐한 상품을 주는 퀴즈 이벤트도 열린다고 해서 아빠와 동생과 함께 참가하려고 합니다.

초등학생 2학년이 알아야 할 기본 한자 9일 차

※ 아래 한자의 훈·음을 읽고 획순을 따라 연필로 바르게 써 보세요.

7급 7획   口 曰 曰 旦 甲 里

里 里 里

마을 **리** | 뜻 | 주로 시골에서, 여러 집이 한데 모여 사는 곳.

훈·음 연상 자동 암기
시골 마을에는 이(리)장님이 계신다.

활용한자 **里長**(이장) 지방 행정 구역인 리의 사무를 맡아보는 사람.
　　　　 十里(십리) 4킬로미터 거리.

7급 8획   一 十 才 才 木 村 材 林

林 林

수풀 **림** | 뜻 | 풀, 작은 나무, 넝쿨 등이 한데 엉킨 곳.

훈·음 연상 자동 암기
수풀 속에는 수림이 우거진다.

활용한자 **樹林**(수림) 나무가 우거진 숲.
　　　　 山林(산림) 산과 숲. 또는 산에 있는 숲.

7급 5획   ㆍ 亠 亣 立 立

立 立

설 **립** | 뜻 | 몸을 바닥에서 위를 향하여 곧게 하다.

훈·음 연상 자동 암기
땅 위에 선(설) 사람이 중립을 지켜라!

활용한자 **定立**(정립) 정하여 세움.
　　　　 中立(중립) 어느 쪽에도 치우치지 않고 중간적 입장을 지킴.

초등학생 2학년이 알아야 할 기본 한자　　10일 차

※ 아래 한자의 훈·음을 읽고 획순을 따라 연필로 바르게 써 보세요.

7급 7획

每　每 ノ 匕 匕 丘 每 每 每

매양 **매**　뜻 | 한결같이 늘.

훈·음 연상 자동 암기
매양 힘들지만 매주마다 운동을 한다.

활용한자
每年(매년) 한 해 한 해의 모든 해마다.
每日(매일) 하루하루의 모든 날마다.

7급 9획

面　面 一 ｒ 兀 而 而 面 面 面 面

낯 **면**　뜻 | 눈, 코, 입 등이 있는 얼굴의 앞쪽 면.

훈·음 연상 자동 암기
형이 얼굴 낯을 들고 면도를 하는 모습이 멋있어 보인다.

활용한자
正面(정면) 마주보는 쪽. 물건의 앞쪽 면.
面刀(면도) 면도칼이나 면도기로 얼굴과 몸에 난 수염을 깎음.

7급 6획

名　名 ノ ク タ 夕 名 名

이름 **명**　뜻 | 어떤 사물이나 단체를 다른 것과 구별하여 부르는 칭호.

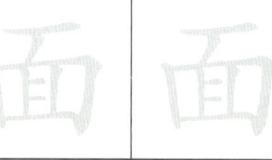

훈·음 연상 자동 암기
이름을 써서 명찰을 만들다.

활용한자
名文(명문) 이름 있는 집안이나 학교.
地名(지명) 마을이나 지방, 지역, 산천 등의 이름.

초등학생 2학년이 알아야 할 기본 한자 — 11일 차

※ 아래 한자의 훈·음을 읽고 획순을 따라 연필로 바르게 써 보세요.

7급 8획 ｜ 命 命 命 命 命 命 命 命

命 목숨 명 ｜ 뜻 ｜ 사람이나 동물이 숨을 쉬며 살아 있는 힘.

훈·음 연상 자동 암기
우선 **목숨**이 붙어 있어야 **명**도 길어지는 것이다.

활용한자
使命(사명) 맡겨진 임무.
天命(천명) 하늘의 명령. 타고난 수명이나 운명.

7급 11획 ｜ 問 問 問 問 問 問 問 問 問 問 問

問 물을 문 ｜ 뜻 ｜ 무엇을 밝히거나 내용을 알고 싶어서 대답이나 설명을 요구함.

훈·음 연상 자동 암기
물을 것이 있는지 **문**제를 살펴본다.

활용한자
自問(자문) 자신에게 스스로 물어봄.
反問(반문) 상대의 물음에 대답하지 않고 도리어 상대에게 물음.

7급 4획 ｜ 文 文 文 文

文 글월 문 ｜ 뜻 ｜ 글이나 문장.

훈·음 연상 자동 암기
글월을 잘 쓰려면 **문**장을 이해해야 한다.

활용한자
文人(문인) 시인이나 소설가 등 문예에 종사하는 사람.
文書(문서) 글이나 기호 등으로 일정한 의사나 관념 또는 사상을 나타낸 것.

초등학생 2학년이 알아야 할 기본 한자

12일 차

※ 아래 한자의 훈·음을 읽고 획순을 따라 연필로 바르게 써 보세요.

7급 8획　　　物 物 物 物 物 物 物 物

物	物	物			
물건 **물**	뜻 | 일정한 형체를 갖춘 물질적 대상. 사고파는 물품.				

훈·음 연상 자동 암기
좋은 물건을 사려면 물품을 잘 골라야 한다.

활용한자　人物(인물) 생김새나 됨됨이로 본 사람.
　　　　　物品(물품) 어떤 용도에 필요하고 쓸모 있게 만들어진 물건.

7급 4획　　　方 方 方 方

方	方	方			
모 **방**	뜻 | 모서리와 방향.				

훈·음 연상 자동 암기
모르면 방향이나 방침을 잘 세워야 한다.

활용한자　今方(금방) 말하고 있는 때보다 바로 조금 전에.
　　　　　方向(방향) 어떤 곳을 향한 쪽. 어떤 현상이나 의지가 일정한 목표를 향하여 나아가는 쪽.

7급 6획　　　百 百 百 百 百 百

百	百	百			
일백 **백**	뜻 | '십'의 열 배가 되는 수.				

훈·음 연상 자동 암기
광장에 일백 명의 백성이 모이다.

활용한자　百年(백년) 꽤 오랜 세월이나 해.
　　　　　百日(백일) 아기가 태어난 지 백 번째가 되는 날.

훈·음에 맞는 한자 선 긋고 음 쓰기 3

아래 훈·음을 읽고 맞는 한자를 찾아 선 긋고 음을 쓰세요.

한자 바르게 연결하고 빈칸 낱말 완성하기

마을 리   수풀 림   설 립   매양 매   낯 면   이름 명

定立   里長   地名   山林   正面   每日
| 정 | | | 장 | | 지 | | | 산 | | 정 | | | 일 |

목숨 명   물을 문   글월 문   물건 물   모 방   일백 백

今方   百年   自問   文書   天命   人物
| 금 | | | 년 | | 자 | | | 서 | | 천 | | | 인 |

63

2학년 한자 문장 읽고 쓰기 3

아래 글을 읽고 한자의 음을 연필로 바르게 써 보세요.

훌륭하신 마을 이장님

里☐장님은 우리 마을 유名☐인입니다. 국立☐공원에서 每☐일 죽어가는 생命☐체를 살리며 동식物☐을 관리하고, 산불로 부터 산林☐도 지키십니다. 이렇게 여러 方面☐☐으로 우리 마을을 위해 힘쓰시는 훌륭한 분이세요.

그리고 아이들 百☐명에게 文☐구점에서 학용품을 사서 선물로 주시고, 시간이 나면 시험 問☐제도 같이 풀어 주시는 고마운 분입니다.

초등학생 2학년이 알아야 할 기본 한자 — 13일 차

※ 아래 한자의 훈·음을 읽고 획순을 따라 연필로 바르게 써 보세요.

7급 4획 — 夫 夫 夫 夫

夫 — 지아비 부
뜻 | 남편을 예스럽게 이르는 말.

훈·음 연상 자동 암기
지아비가 부인을 사랑한다.

활용한자
兄夫(형부) 언니의 남편.
夫人(부인) 남의 아내를 높여 이르는 말.

7급 4획 — 不 不 不 不

不 — 아닐 불/부
뜻 | 어떤 사실을 부정하는 뜻을 나타내는 말.

훈·음 연상 자동 암기
아니(아닐)된 불만은 부정을 만든다.

활용한자
不平(불평) 마음에 들거나 차지 않아 못마땅하게 여김.
不正(부정) 바르지 않거나 옳지 못함.

7급 8획 — 事 事 事 事 事 事 事 事

事 — 일 사
뜻 | 생산적인 목적을 위하여 몸이나 정신을 쓰는 모든 활동.

훈·음 연상 자동 암기
일을 잘하면 사업이 번창한다.

활용한자
工事(공사) 토목이나 건축 등에 관한 일을 함.
事業(사업) 어떤 일을 일정한 목적과 계획을 가지고 짜임새 있게 지속적으로 경영함.

초등학생 2학년이 알아야 할 기본 한자

14일 차

※ 아래 한자의 훈·음을 읽고 획순을 따라 연필로 바르게 써 보세요.

훈·음 연상 자동 암기
셈을 하기 위해서 산수 공부를 한다.

7급 14획

算算算算算算算算算算算算算算

| 算 | 算 | 算 | | | |

셈 **산** | 뜻 | 수를 헤아림. 주고받을 돈이나 물건 등을 서로 따져 밝힘.

활용한자
計算(계산) 수를 헤아림. 어떤 일을 예상하거나 고려함. 값을 치름.
算數(산수) 수와 양의 성질과 셈을 다루는 수학적 계산 방법을 가르치는 과목.

훈·음 연상 자동 암기
윗부분을 상단이라고 한다.

7급 3획

丨 ト 上

| 上 | 上 | 上 | | | |

윗 **상** | 뜻 | 일정한 기준보다 높은 곳.

활용한자
上部(상부) 사물의 위쪽 부분.
地上(지상) 땅의 위. 또는 땅의 윗부분.

훈·음 연상 자동 암기
빛의 색이 아름답다.

7급 6획

⺈ 刍 刍 刍 色 色

| 色 | 色 | 色 | | | |

빛 **색** | 뜻 | 찬란하게 반짝이는 광채.

활용한자
色感(색감) 색에 대한 감각. 색에서 받는 느낌.
五色(오색) 여러 가지 빛깔. 파랑, 노랑, 빨강, 하양, 검정의 다섯 가지 빛깔.

초등학생 2학년이 알아야 할 기본 한자 — 15일 차

※ 아래 한자의 훈·음을 읽고 획순을 따라 연필로 바르게 써 보세요.

7급 3획 ノクタ

夕

저녁 **석** | 뜻 | 해가 질 무렵부터 밤이 되기까지의 사이.

훈·음 연상 자동 암기
저녁에는 석양이 아름답다.

활용한자
朝夕(조석) 아침과 저녁을 아울러 이르는 말.
夕陽(석양) 해가 질 무렵의 해. 또는 그 햇빛.

7급 8획 ㄑ 女 女 女 妒 妒 姓 姓

姓

성씨 **성** | 뜻 | 사람의 이름 앞에 붙어 어떤 혈통에 속하는지를 이르는 칭호.

훈·음 연상 자동 암기
성씨를 알면 성명을 거의 다 안 것이나 다름없다.

활용한자
同名(동명) 이름이 서로 같음.
姓名(성명) 성과 이름을 아울러 이르는 말.

7급 5획 一 廿 甘 世 世

世

인간 **세** | 뜻 | 직립 보행을 하며, 사고와 언어 능력을 가진 고등동물.

훈·음 연상 자동 암기
인간적인 이 세상이 좋다.

활용한자
世界(세계) 지구상의 모든 나라. 또는 인류 사회 전체.
世上(세상) 생명체가 사는 지구. 사람들이 생활하고 있는 사회.

초등학생 2학년이 알아야 할 기본 한자

16일 차

※ 아래 한자의 훈·음을 읽고 획순을 따라 연필로 바르게 써 보세요.

7급 4획

少少少少

少

적을 소 | 뜻 | 일정한 기준에 미치지 못하다.

훈·음 연상 자동 암기
양이 적을수록 소량이다.

활용한자
少數(소수) 적은 수효.
少女(소녀) 아직 충분히 성숙하지 않은, 나이 어린 여자아이.

7급 8획

所所所所所所所所

所

바 소 | 뜻 | 어떤 곳. 장소.

훈·음 연상 자동 암기
바로 이곳이 연구소이다.

활용한자
所有(소유) 자기 것으로 가짐. 또는 그 물건.
住所(주소) 사람이 사는 곳이나 기관, 회사가 자리 잡고 있는 곳.

7급 4획

手手手手

手

손 수 | 뜻 | 사람의 팔목에 달려서, 잡거나 만지는 데 쓰이는 부분.

훈·음 연상 자동 암기
손 씻고 수건으로 닦는다.

활용한자
手足(수족) 손과 발을 아울러 이르는 말.
手記(수기) 자기의 생활이나 체험을 직접 쓴 기록.

훈·음에 맞는 한자 선 긋고 음 쓰기 4

아래 훈·음을 읽고 맞는 한자를 찾아 선 긋고 음을 쓰세요.

한자 바르게 연결하고 빈칸 낱말 완성하기

지아비 부   아닐 불/부   일 사   셈 산   윗 상   빛 색

工事   兄夫   計算   色感   不正   地上

공   형   계   감   정   지

저녁 석   성씨 성   인간 세   적을 소   바 소   손 수

姓名   住所   朝夕   世界   手足   少女

명   주   조   계   족   녀

2학년 한자 문장 읽고 쓰기 4

아래 글을 읽고 한자의 음을 연필로 바르게 써 보세요.

가을 농촌 행사

추夕□은 부足□함이 없는 풍성한 결실의 시기입니다.

남녀노少□ 모두 같은 色□의 옷을 입고 농촌 축제 행事□장에 많이 모였습니다.

농夫□는 주所□와 姓□명을 手□건에 적어 홍보용으로 모인 사람들에게 나누어 줍니다. 오늘은 평소보다 가격을 싸게 계算□하니 사람들이 즐거워합니다.

농촌은 항상 인심 좋고 행복한 世上□□입니다.

초등학생 2학년이 알아야 할 기본 한자　　17일 차

※ 아래 한자의 훈·음을 읽고 획순을 따라 연필로 바르게 써 보세요.

8급 15획

數

셈 **수**　｜뜻｜ 수를 헤아림.

훈·음 연상 자동 암기
셈을 세며 수학 공부를 한다.

활용한자
數年(수년) 여러 해.
數學(수학) 수와 양, 공간의 성질에 관하여 연구하는 학문.

8급 5획

市

저자 **시**　｜뜻｜ 시장을 예스럽게 이르는 말.

훈·음 연상 자동 암기
저자거리는 시장을 뜻한다.

활용한자
市民(시민) 시(市)에 사는 사람.
市場(시장) 여러 가지 상품을 사고파는 일정한 장소.

8급 10획

時

때 **시**　｜뜻｜ 시간의 어떤 순간이나 부분.

훈·음 연상 자동 암기
놀 때는 시간이 금방 간다.

활용한자
時日(시일) 어떤 일을 마치기까지의 기간이나 기한.
時計(시계) 시각을 나타내거나 시간을 재는 기계를 이르는 말.

초등학생 2학년이 알아야 할 기본 한자   18일 차

※ 아래 한자의 훈·음을 읽고 획순을 따라 연필로 바르게 써 보세요.

7급 9획   食食食食食食食食食

밥/먹을 식 | 뜻 | 쌀이나 보리 등의 곡식을 씻어 솥에 익혀, 끼니로 먹는 음식.

훈·음 연상 자동 암기
밥을 먹을 때는 식구와 함께 먹는다.

활용한자
食水(식수) 식용으로 먹는 물.
食事(식사) 아침, 점심, 저녁에 음식을 먹음.

7급 12획   植植植植植植植植植植植植

심을 식 | 뜻 | 뿌리를 땅속에 묻다.

훈·음 연상 자동 암기
나무를 심을 때에는 주로 식목일에 심는다.

활용한자
植木(식목) 나무를 심음.
植生(식생) 어떤 장소에 분포하고 있는 식물의 집단을 이르는 말.

7급 4획   心心心心

마음 심 | 뜻 | 감정이나 생각, 기억이 깃들이거나 생겨나는 곳.

훈·음 연상 자동 암기
마음이 곱고 심성도 착하다.

활용한자
心身(심신) 마음과 몸.
心性(심성) 본디부터 타고난 마음씨.

초등학생 2학년이 알아야 할 기본 한자 19일 차

※ 아래 한자의 훈·음을 읽고 획순을 따라 연필로 바르게 써 보세요.

7급 6획   安安安安安安

安 | 편안 **안** | 뜻 | 몸이나 마음이 걱정 없이 편하고 좋다.

훈·음 연상 자동 암기
마음이 편안하고 안정적이다.

활용한자
安定(안정) 바뀌거나 흔들리지 않고 평안한 상태를 유지함.
安全(안전) 위험이 생기거나 사고가 날 염려가 없이 편안하고 온전한 상태.

7급 14획   語語語語語語語語語語語語語語

語 | 말씀 **어** | 뜻 | 상대방의 말을 높여 이르는 말.

훈·음 연상 자동 암기
말씀을 들어 보니 언어 공부가 쉬워졌다.

활용한자
語文(어문) 말과 글을 아울러 이르는 말.
語學(어학) 어떤 나라의 언어를 습득하는 공부. 또는 외국어 구사 능력.

7급 12획   然然然然然然然然然然然然

然 | 그럴 **연** | 뜻 | 상태나 모양, 성질 등이 듣는 이 쪽에 가까이 있는 것과 같다.

훈·음 연상 자동 암기
남편은 그럴 만한 이유가 있는지 자연만 좋아한다.

활용한자
天然(천연) 인공적으로 달리 움직이거나 변화시킬 수 없는 상태.
自然(자연) 사람의 힘을 더하지 않은 저절로 된 그대로의 현상. 산, 강, 바다, 식물, 동물 등의 존재.

73

초등학생 2학년이 알아야 할 기본 한자

20일 차

※ 아래 한자의 훈·음을 읽고 획순을 따라 연필로 바르게 써 보세요.

7급 4획   ノ 一 午 午

午

낮 오 | 뜻 | 해가 뜰 때부터 질 때까지의 동안.

훈·음 연상 자동 암기
손님이 오셔서 낮에 오찬을 대접했다.

활용한자
午前(오전) 밤 열두 시부터 낮 열두 시까지의 동안. 해가 뜰 무렵부터 낮 열두 시까지의 동안.
午後(오후) 낮 열두 시부터 밤 열두 시까지의 동안. 정오부터 해가 질 때까지.

7급 5획   ノ ナ 十 右 右

右

오른쪽 우 | 뜻 | 북쪽을 향했을 때 동쪽에 해당하는 방향.

훈·음 연상 자동 암기
오른손(오른쪽)은 우측 팔에 있는 손이다.

활용한자
右回(우회) 오른쪽으로 돎.
右方(우방) 북쪽을 향했을 때 동쪽과 같은 쪽.

7급 6획   ノ ナ 十 冇 冇 有

有

있을 유 | 뜻 | 자리나 공간을 차지한 상태. 실재로서 존재하는 상태.

훈·음 연상 자동 암기
나만의 장점이 있을 때 유리하다.

활용한자
有利(유리) 이익이 있음.
有力(유력) 힘이나 세력이 있음.

훈·음에 맞는 한자 선 긋고 음 쓰기 5

아래 훈·음을 읽고 맞는 한자를 찾아 선 긋고 음을 쓰세요.

한자 바르게 연결하고 빈칸 낱말 완성하기

셈 수   저자 시   때 시   밥/먹을 식   심을 식   마음 심

植木   心性   數學   時計   市民   食水

| 목 | 성 | 학 | 계 | 민 | 수 |

편안 안   말씀 어   그럴 연   낮 오   오른쪽 우   있을 유

有利   自然   安定   語文   午前   右回

| 리 | 자 | 정 | 문 | 전 | 회 |

2학년 한자 문장 읽고 쓰기 5

아래 글을 읽고 한자의 음을 연필로 바르게 써 보세요.

전통시장 구경하기

가족들과 시내 중心☐에 있는 전통市☐장에 놀러 갔습니다.

좌右☐로 길게 늘어진 시장 길에는 여러 가지 물건이 安☐전하게 쌓여 있고, 자然☐에서 자란 싱싱한 植☐물도 많이 있었습니다.

午☐후에는 시장 안 有☐명한 빵집에서 맛있는 빵을 간食☐으로 먹었습니다. 집으로 돌아와 時☐간이 있어 국語☐와 數☐학 공부를 마치고 잠이 들었습니다.

초등학생 2학년이 알아야 할 기본 한자

21일 차

※ 아래 한자의 훈·음을 읽고 획순을 따라 연필로 바르게 써 보세요.

7급 8획

育 育 育 育 育 育 育 育

育

기를 육 | 뜻 | 보살펴 자라게 하다.

훈·음 연상 자동 암기
잘 기를 수 있는 좋은 육아 환경을 위해 노력 중이다.

활용한자
育兒(육아) 어린아이를 기름.
育成(육성) 어떤 일이나 인물, 대상 등을 어떠한 목적을 전제로 가꾸어 키우거나 발전시킴.

7급 7획

邑 邑 邑 邑 邑 邑 邑

邑

고을 읍 | 뜻 | 군청이 위치한 지역 사회.

훈·음 연상 자동 암기
고을이 있는 곳에 읍도 있다.

활용한자
邑內(읍내) 읍의 안을 뜻함.
邑長(읍장) 지방 행정 구역인 읍의 우두머리.

7급 2획

入 入

入

들 입 | 뜻 | 밖에서 안으로 향하여 오다.

훈·음 연상 자동 암기
들어가는 입구에서 기다리는 중이다.

활용한자
入口(입구) 들어가는 어귀. (드나드는 목의 첫머리)
入場(입장) 식장이나 경기장 등의 안으로 들어감.

초등학생 2학년이 알아야 할 기본 한자   22일 차

※ 아래 한자의 훈·음을 읽고 획순을 따라 연필로 바르게 써 보세요.

7급 3획   子 了 子

| 子 | 子 | 子 | 子 | 子 | |

아들 자 | 뜻 | 남자로 태어난 자식.

훈·음 연상 자동 암기
내 아들 자식이 자랑스럽다.

활용한자
世子(세자) 왕위를 이을 왕자.
子女(자녀) 아들과 딸을 아울러 이르는 말.

7급 6획   字 字 字 字 字 字

| 字 | 字 | 字 | 字 | 字 | |

글자 자 | 뜻 | 말을 일정한 체계로 적는 기호. 한글, 한자, 숫자 등.

훈·음 연상 자동 암기
글자는 문자이다.

활용한자
活字(활자) 활판 인쇄에 쓰이는 글자의 모형.
文字(문자) 말을 눈으로 읽을 수 있게 나타낸 기호.

7급 6획   自 自 自 自 自 自

| 自 | 自 | 自 | 自 | 自 | |

스스로 자 | 뜻 | 자기 자신의 힘으로.

훈·음 연상 자동 암기
나는 스스로 자립하기를 꿈꾼다.

활용한자
自身(자신) 자기 또는 자기의 몸.
自立(자립) 남에게 의지하거나 종속되지 않고 스스로의 힘으로 섬.

초등학생 2학년이 알아야 할 기본 한자

23일 차

※ 아래 한자의 훈·음을 읽고 획순을 따라 연필로 바르게 써 보세요.

7급 12획

場 場 場 場 場 場 場 場 場 場 場 場

場

마당 **장** | 뜻 | 집 둘레에 반반하게 닦아 놓은 땅.

훈·음 연상 자동 암기
마당은 내가 늘 놀던 장소이다.

활용한자
場所(장소) 일이나 사건이 이루어지거나 발생한 곳.
工場(공장) 기계 등의 생산 설비를 갖추고 노동자의 작업에 의해 원료나 재료를 가공하여 상품을 만들어 내는 곳.

7급 6획

亼 仒 仐 全 全 全

全

온전할 **전** | 뜻 | 변화되지 않고 본바탕대로 고스란하다.

훈·음 연상 자동 암기
온전하게 전부 전달했다.

활용한자
全國(전국) 온 나라 전체.
全部(전부) 어느 한 부분이 아니라 전체가 다.

7급 9획

前 前 前 前 前 前 前 前

前

앞 **전** | 뜻 | 향하거나 보고 있는 쪽.

훈·음 연상 자동 암기
앞에 서서 전방을 보다.

활용한자
前方(전방) 앞을 향한 쪽.
生前(생전) 살아 있는 동안.

초등학생 2학년이 알아야 할 기본 한자　　24일 차

※ 아래 한자의 훈·음을 읽고 획순을 따라 연필로 바르게 써 보세요.

7급 13획　　電電電電電電電電電電電電電

電	電	電	電	電	

번개 전　｜뜻｜전기 입자들이 순간 부딪치거나, 공중에서 번쩍이는 불꽃.

훈·음 연상 자동 암기
번개가 치니 전기가 방전되었다.

활용한자
電話(전화) 전화기를 통하여 말을 주고받음.
電氣(전기) 물질 안에 있는 전자의 이동으로 인해 생기는 에너지의 한 형태.

4급 16획　　錢錢錢錢錢錢錢錢錢錢錢錢錢錢錢錢

錢	錢	錢	錢	錢	

돈 전　｜뜻｜금속이나 종이로 만든 것. 물건을 살 때 내는 금액.

훈·음 연상 자동 암기
돈을 동전으로 은행에 맡겼다.

활용한자
本錢(본전) 장사나 사업을 처음 시작할 때 들어간 돈.
銅錢(동전) 구리나 은 또는 니켈 등의 금속을 섞어서 만든 동그랗게 생긴 돈을 이르는 말.

5급 13획　　傳傳傳傳傳傳傳傳傳傳傳傳傳

傳	傳	傳	傳	傳	

전할 전　｜뜻｜알려주다. 옮기어 건네다.

훈·음 연상 자동 암기
전할 것이 있어서 전달했다.

활용한자
傳來(전래) 예로부터 전해 내려옴.
傳達(전달) 소식이나 말, 물품 등을 사람에게 전하여 이르게 함.

훈·음에 맞는 한자 선 긋고 음 쓰기 6

아래 훈·음을 읽고 맞는 한자를 찾아 선 긋고 음을 쓰세요.

한자 바르게 연결하고 빈칸 낱말 완성하기

기를 육   고을 읍   들 입   아들 자   글자 자   스스로 자

邑內   子女   育兒   入口   自立   文字
| 내 | | 녀 | | 아 | | 구 | | 립 | | 문 |

마당 장   온전할 전   앞 전   번개 전   돈 전   전할 전

前方   傳來   工場   銅錢   全國   電氣
| 방 | | 래 | | 공 | | 동 | | 국 | | 기 |

2학년 한자 문장 읽고 쓰기 6

아래 글을 읽고 한자의 음을 연필로 바르게 써 보세요.

시골 한옥마을의 서당

외할머니가 사시던 自☐연 경관이 아름다운 場☐소에 한字☐를 교育☐하는 한옥마을이 생겼습니다.

서당은 邑☐내 入☐구에 있으며 주말 오前☐부터 全☐국에서 많은 사람이 모여듭니다.

이곳은 효子☐ 아들에 대한 傳☐설도 있고, 오래된 다이얼식 빨간 電☐화기와 옛날 동錢☐들도 있는 마음이 편안해지는 장소입니다.

초등학생 2학년이 알아야 할 기본 한자　　25일 차

※ 아래 한자의 훈·음을 읽고 획순을 따라 연필로 바르게 써 보세요.

4급 11획　　尃 尃 尃 尃 專 專 專 專 專

專					

오로지 전　뜻 | 다른 것은 있을 수 없고 오직.

훈·음 연상 자동 암기
오로지 한 분야에 전문가가 되겠다.

활용한자
專用(전용) 남과 같이 쓰지 않고 혼자서만 쓰거나 한 가지 목적으로만 씀.
專門(전문) 한 분야에 대해 풍부하고 깊이 있는 지식과 경험을 가지고 그 일만을 함.

4급 18획　　轉 轉 轉 轉 轉 轉 轉 轉 轉 轉 轉 轉 轉 轉

轉					

구를 전　뜻 | 돌면서 움직이다.

훈·음 연상 자동 암기
구를 것들이 함께 공전한다.

활용한자
回轉(회전) 어떤 축을 중심으로 그 둘레를 돎.
公轉(공전) 한 천체가 다른 천체의 둘레를 주기적으로 도는 운동.

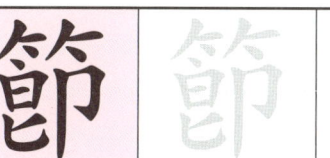

5급 15획　　節 節 節 節 節 節 節 節 節 節 節 節 節

節					

마디 절　뜻 | 말이나 글, 노래 등의 한 도막.

훈·음 연상 자동 암기
한 마디마디 절차에 따르다.

활용한자
時節(시절) 일정한 시기나 때.
句節(구절) 한 토막의 말이나 글.

83

초등학생 2학년이 알아야 할 기본 한자 — 26일 차

※ 아래 한자의 훈·음을 읽고 획순을 따라 연필로 바르게 써 보세요.

4급 12획 絶絶絶絶絶絶絶絶絶絶

끊을 **절** | 뜻 | 따로 떨어지도록 잘라 가르다.

훈·음 연상 자동 암기
실뜨기 놀이 중 자꾸 줄을 끊을려 해서 친구와 절교하다.

활용한자
絶交(절교) 사귀어 오던 교제를 끊음.
絶好(절호) 어떤 일을 하기에 더할 수 없이 좋음.

7급 5획 正 正 正 正 正

正

바를 **정** | 뜻 | 비뚤어지거나 굽은 데가 없이 곧거나 반듯하다.

훈·음 연상 자동 암기
바를 정자로 정직하게 표시해라.

활용한자
正答(정답) 어떤 문제에 대하여 옳은 답.
正直(정직) 마음에 거짓이나 꾸밈이 없이 바르고 곧음.

7급 10획 祖祖祖祖祖祖祖祖

祖

할아버지 **조** | 뜻 | 부모의 아버지를 이르는 말.

훈·음 연상 자동 암기
돌아가신 할아버지가 우리 조상님이다.

활용한자
祖上(조상) 자기가 사는 세대 이전의 모든 세대.
先祖(선조) 한 민족에서 여러 대를 거슬러 올라가는 모든 위 세대.

초등학생 2학년이 알아야 할 기본 한자   27일 차

※ 아래 한자의 훈·음을 읽고 획순을 따라 연필로 바르게 써 보세요.

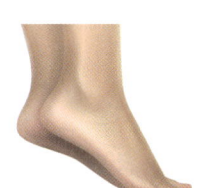

7급 7획   足 足 足 足 足 足 足

足 足 足 足 足

발 **족** | 뜻 | 사람이나 동물이 땅을 딛고 다니는 다리 끝부분.

훈·음 연상 자동 암기
돼지의 발을 족발이라고 한다.

활용한자
充足(충족) 넉넉하여 모자람이 없음.
足球(족구) 두 팀이 발로 공을 차 네트를 넘겨 승부를 내는, 배구와 비슷한 운동 경기. 발야구.

7급 5획   左 左 左 左 左

左 左 左 左 左

왼 **좌** | 뜻 | 북쪽을 향했을 때 서쪽에 해당하는 방향.

훈·음 연상 자동 암기
왼손은 좌측 팔에 있는 손이다.

활용한자
左便(좌편) 북쪽을 향했을 때 서쪽과 같은 쪽. 왼쪽.
左右間(좌우간) 앞 내용을 막론하고 뒤 내용을 말할 때 쓰여 앞뒤 문장을 이어 주는 말. 이렇든 저렇든 어떻든 간.

7급 5획   主 主 主 主 主

主 主 主 主 主

임금/주인 **주** | 뜻 | 군주 국가에서 나라를 다스리는 우두머리.

훈·음 연상 자동 암기
임금도 주인이고 백성도 나라의 주인이다.

활용한자
主人(주인) 대상이나 물건을 소유한 사람.
君主(군주) 세습에 의해서 나라를 다스리는 국가의 최고 통치자.

초등학생 2학년이 알아야 할 기본 한자   28일 차

※ 아래 한자의 훈·음을 읽고 획순을 따라 연필로 바르게 써 보세요.

7급 7획

住 住 住 住 住 住 住

住

살 주

뜻 | 생명을 지니고 있다. 자리를 잡고 머무르거나 지내다.

훈·음 연상 자동 암기
사람은 살 수 있는 주택이 필요하다.

활용한자
住民(주민) 일정한 지역에 사는 사람.
住宅(주택) 사람이 살 수 있도록 지은 집.

7급 9획

重 重 重 重 重 重 重 重 重

重

무거울/거듭 중

뜻 | 무게가 많다. 어떤 일을 한번 더 반복하거나 계속 되풀이함.

훈·음 연상 자동 암기
무거울 것을 알고도 거듭 중복해서 담았다.

활용한자
加重(가중) 책임이나 부담 등을 더 무겁게 함.
重複(중복) 같거나 비슷한 것이 되풀이되거나 겹침.

7급 6획

地 地 地 地 地 地

地

땅 지

뜻 | 논밭이나 부동산으로서의 토지나 집터.

훈·음 연상 자동 암기
땅을 소유한 지주이다.

활용한자
地平(지평) 대지의 평평한 면.
地主(지주) 소유 토지를 남에게 빌려주고 땅값을 받아 이익을 얻는 땅의 주인.

86

훈·음에 맞는 한자 선 긋고 음 쓰기 7

아래 훈·음을 읽고 맞는 한자를 찾아 선 긋고 음을 쓰세요.

한자 바르게 연결하고 빈칸 낱말 완성하기

오로지 전   구를 전   마디 절   끊을 절   바를 정   할아버지 조

時節   正直   專用   祖上   回轉   絶交
| 시 | | | 직 | | 용 | | 상 | | 회 | | | 교 |

발 족   왼 좌   주인 주   살 주   무거울 중   땅 지

主人   足球   左便   地平   住宅   加重
| 인 | | | 구 | | 편 | | 평 | | 택 | | 가 | |

2학년 한자 문장 읽고 쓰기 7

아래 글을 읽고 한자의 음을 연필로 바르게 써 보세요.

아름다운 우리 강산

조상 때부터 대대로 살아온 祖☐국 대한민국은 사계節☐이 뚜렷합니다.
뒷산에 올라가 左☐우측과 正☐면으로 보는 경관이 絶☐경이라 마음이 벅차오릅니다. 농촌 지역 住☐민들은 토地☐를 가꾸어 곡식도 심고, 경운기를 운轉☐하는 농부는 부足☐함이 없이 평화스러워 보입니다. 농부는 친환경 농사를 專☐문적으로 짓는 重☐요한 분이며 우리 마을을 살리는 主☐인공입니다.

초등학생 2학년이 알아야 할 기본 한자 29일 차

※ 아래 한자의 훈·음을 읽고 획순을 따라 연필로 바르게 써 보세요.

7급 10획

紙紙紙紙紙紙紙紙紙紙

| 紙 | 紙 | 紙 | 紙 | 紙 | |

종이 **지** | 뜻 | 식물성 섬유를 원료로 하여 만든 얇은 물건.

훈·음 연상 자동 암기
종이를 지업사에서 구입하다.

활용한자 紙面(지면) 기사나 글이 실린 종이의 면. 또는 그 기사.
休紙(휴지) 못 쓰게 된 종이. 코를 풀든지 닦든지 등 위생용으로 쓰는 종이.

7급 8획

直直直直直直直直

| 直 | 直 | 直 | 直 | 直 | |

곧을 **직** | 뜻 | 한쪽에서 다른 쪽 끝까지 구부러지지 않고 똑바른 것.

훈·음 연상 자동 암기
나무가 곧을 수 있게 직선으로 세우다.

활용한자 直進(직진) 똑바로 곧장 나아감.
直線(직선) 곧은 선. 두 점 사이를 가장 짧게 연결한 선.

7급 3획

千千千

| 千 | 千 | 千 | 千 | 千 | |

일천 **천** | 뜻 | '백'의 열 배가 되는 수.

훈·음 연상 자동 암기
일천 자나 되는 천자문을 외우다.

활용한자 千年(천년) '백 년의 열 배'라는 뜻으로, 아주 오랜 세월.
千里(천리) '백 리의 열 곱절'이라는 뜻으로, 매우 먼 거리.

초등학생 2학년이 알아야 할 기본 한자

30일 차

※ 아래 한자의 훈·음을 읽고 획순을 따라 연필로 바르게 써 보세요.

7급 4획   一 二 チ 天

天
하늘 천 | 뜻 | 바다나 땅 위로 해와 달, 별들이 널려 있는 무한대의 공간.

훈·음 연상 자동 암기
하늘이 천국에 가장 가까울 것이다.

활용한자
天地(천지) 하늘과 땅. 사람이 사는 세상의 영역.
天才(천재) 선천적으로 보통 사람보다 아주 뛰어난 정신 능력이나 재주. 또는 그런 재능을 가진 사람.

7급 3획   丿 丿丿 川

川
내 천 | 뜻 | 시내보다는 크고 강보다는 조금 작은 물줄기.

훈·음 연상 자동 암기
시내보다는 크고 강보다는 작은 물줄기가 내 천이다.

활용한자
山川(산천) 산과 내라는 뜻으로, 자연을 이르는 말.
開川(개천) 시내보다는 크고 강보다는 작은 물이 흘러가는 줄기.

7급 7획   一 十 十 才 村 村 村

村
마을 촌 | 뜻 | 주로 시골에서, 여러 집이 한데 모여 사는 곳.

훈·음 연상 자동 암기
마을에는 촌장님이 계신다.

활용한자
山村(산촌) 산속에 있는 마을.
農村(농촌) 주민의 대부분이 농업에 종사하는 마을이나 지역.

초등학생 2학년이 알아야 할 기본 한자 — 31일 차

※ 아래 한자의 훈·음을 읽고 획순을 따라 연필로 바르게 써 보세요.

7급 9획 — 秋秋秋秋秋秋秋秋秋

秋 가을 추

뜻 | 여름과 겨울 사이의 단풍이 물들고 곡식이 익는 계절.

훈·음 연상 자동 암기
가을에는 추수를 한다.

 활용한자
秋分(추분) 일 년 중 낮과 밤의 길이가 같다는 가을날.
秋夕(추석) 우리나라 명절의 하나. 음력 8월 15일. 햅쌀로 송편을 빚고 햇과일 등의 음식을 장만하여 차례를 지낸다.

7급 9획 — 春春春春春春春春春

春 봄 춘

뜻 | 겨울과 여름 사이 새싹이 돋는 계절.

훈·음 연상 자동 암기
봄에는 춘풍이 불어 온다.

활용한자
春風(춘풍) 봄철에 부는 따뜻한 바람. 봄바람.
立春(입춘) 이십사절기의 하나로 봄이 시작한다는 날. 양력 2월 4일경.

7급 5획 — 丨 屮 屮 出 出

出 날 출

뜻 | 안에서 밖으로 향하여 가다.

훈·음 연상 자동 암기
여행하기 좋은 날 출발한다.

활용한자
出生(출생) 사람이 세상에 태어남.
出入(출입) 어떤 곳을 드나듦.

초등학생 2학년이 알아야 할 기본 한자

32일 차

※ 아래 한자의 훈·음을 읽고 획순을 따라 연필로 바르게 써 보세요.

7급 9획   便便便便便便便

便

편할 **편**/똥오줌 **변** 뜻 | 몸이나 마음이 거북하거나 괴롭지 아니하여 좋다.

훈·음 연상 자동 암기
편할 때 편지 쓰고, 똥과 오줌은 대소 변이라고 한다.

활용한자 便利(편리) 편하고 이로우며 이용하기 쉬움.
便所(변소) 대소변을 볼 수 있도록 만들어 놓은 시설.

7급 5획   平平平平平

平

평평할 **평** 뜻 | 면이나 바닥이 고르고 판판하다.

훈·음 연상 자동 암기
걸어가기는 평평할 평지가 좋다.

활용한자 平日(평일) 평상시. 토요일, 일요일, 공휴일이 아닌 보통 날.
平野(평야) 기복이 매우 작고, 지표면이 평평하고 너른 들.

7급 3획   下下下

下

아래 **하** 뜻 | 기준으로 삼는 일정한 높이보다 낮은 쪽의 공간 또는 위치.

훈·음 연상 자동 암기
산 아래로 하산하다.

활용한자 下山(하산) 산에서 내려감.
地下(지하) 땅의 속. 또는 건조물이 있는 땅속의 공간.

훈·음에 맞는 한자 선 긋고 음 쓰기 8

아래 훈·음을 읽고 맞는 한자를 찾아 선 긋고 음을 쓰세요.

한자 바르게 연결하고 빈칸 낱말 완성하기

| 종이 지 | 곧을 직 | 일천 천 | 하늘 천 | 내 천 | 마을 촌 |

| 直進 | 休紙 | 開川 | 農村 | 千年 | 天地 |
| 진 | 휴 | 개 | 농 | 년 | 지 |

| 가을 추 | 봄 춘 | 날 출 | 편할 편 | 평평할 평 | 아래 하 |

| 立春 | 平野 | 秋夕 | 地下 | 便利 | 出生 |
| 입 | 야 | 석 | 지 | 리 | 생 |

2학년 한자 문장 읽고 쓰기 8

아래 글을 읽고 한자의 음을 연필로 바르게 써 보세요.

우리나라의 입춘과 추석

봄이 시작한다는 입春[ ]이 되면 백紙[ ] 위에 直[ ]선으로 '입춘대길' 이라고 예쁘게 글씨를 쓴 便[ ]지로 마음을 전달합니다.

가을 秋[ ]석 때가 되어 天下[ ][ ] 장사 씨름 대회가 열리면, 平[ ]화로운 내 고향 산 川[ ]이 그리워집니다.

우리나라 인구는 오千[ ]만이 넘지만, 농村[ ]의 인구는 점점 줄어들어 걱정입니다.

앞으로는 出[ ]생 인구가 더 늘어났으면 좋겠습니다.

초등학생 **2학년**이 알아야 할 기본 **한자**

33일 차

※ 아래 한자의 훈·음을 읽고 획순을 따라 연필로 바르게 써 보세요.

7급 10획

夏夏夏夏夏夏夏夏夏夏

夏

여름 **하** | 뜻 | 1년 중 제일 무더운 계절. 봄과 가을 사이.

훈·음 연상 자동 암기
여름은 **하**절기에 속한다.

활용한자
夏夜(하야) 여름철의 밤.
夏服(하복) 여름철에 입는 옷.

7급 14획

漢漢漢漢漢漢漢漢漢漢漢漢漢漢

漢

한수/나라 **한** | 뜻 | 강의 이름으로 쓰이다 나라명이 됨.

훈·음 연상 자동 암기
한수(큰강)가 흐르는 곳이 우리**나라 한**강이다.

활용한자
漢文(한문) 한자로 쓰인 글.
漢字(한자) 중국, 한국, 일본 등에서 쓰이는 글자.

7급 10획

海海海海海海海海海海

海

바다 **해** | 뜻 | 지구 위에서 육지를 제외한 부분. 전체가 물로 채워진 넓고 큰 곳.

훈·음 연상 자동 암기
바다를 **해**변에서 구경하다.

활용한자
海草(해초) 바다에서 나는 식물을 통틀어 이르는 말.
海物(해물) 바다에서 나는 동식물을 통틀어 이르는 말.

95

초등학생 2학년이 알아야 할 기본 한자 34일 차

※ 아래 한자의 훈·음을 읽고 획순을 따라 연필로 바르게 써 보세요.

7급 8획 花花花花花花花花

花
꽃 화	뜻	식물 가지나 줄기 끝에 예쁜 색깔과 모양으로 피어나는 부분.

훈·음 연상 자동 암기
꽃을 화분에 기르다.

활용한자
國花(국화) 한 나라를 상징하는 꽃. 우리나라 국화는 무궁화이다.
生花(생화) 살아 있는 나무나 화초에서 꺾은 꽃.

7급 13획 話話話話話話話話話話話話話

話
말씀 화	뜻	상대방의 말을 높여 이르는 말.

훈·음 연상 자동 암기
말씀을 들어보니 화술이 좋다.

활용한자
話術(화술) 자신의 생각이나 주장을 말로 잘 표현하는 기술.
民話(민화) 예로부터 일반 민중 사이에 전해져 내려오는 이야기.

7급 9획 活活活活活活活活活

活
살 활	뜻	목숨을 이어 가다.

훈·음 연상 자동 암기
살아 활발하게 행동한다.

활용한자
活力(활력) 살아 움직이는 힘.
活動(활동) 몸을 움직여 행동함. 정한 성과를 거두기 위해 어떤 일을 활발히 함.

초등학생 2학년이 알아야 할 기본 한자

35일 차

※ 아래 한자의 훈·음을 읽고 획순을 따라 연필로 바르게 써 보세요.

7급 7획

孝 孝 孝 孝 孝 孝

孝 효도 **효** | 뜻 | 자식들이 어버이를 공경하고 잘 섬김.

훈·음 연상 자동 암기
효도는 효자들만 하는 것이 아니다.

활용한자
孝子(효자) 부모를 잘 섬기는 아들.
孝行(효행) 부모를 효성으로 잘 섬기는 행실.

7급 9획

後 後 後 後 後 後 後 後

後 뒤 **후** | 뜻 | 공간적으로, 향하고 있는 방향에 반대되는 뒤쪽.

훈·음 연상 자동 암기
뒤에서 후원해 주다.

활용한자
後半(후반) 어떤 기간을 둘로 나누었을 때, 뒤의 절반.
後光(후광) 어떤 사물을 더욱 빛나게 하거나 더 두드러지게 하는 배경을 비유적으로 이르는 말.

7급 6획

休 休 休 休 休 休

休 쉴 **휴** | 뜻 | 하던 일을 멈추고 몸을 편안한 상태가 되게 하다.

훈·음 연상 자동 암기
쉴 수 있는 날 휴가를 가려고 한다.

활용한자
休日(휴일) 일을 하지 않고 쉬거나 노는 날.
休校(휴교) 학교가 수업을 하지 않고 일정 기간 쉼.

훈·음에 맞는 한자 선 긋고 음 쓰기 ❾

아래 훈·음을 읽고 맞는 한자를 찾아 선 긋고 음을 쓰세요.

한자 바르게 연결하고 빈칸 낱말 완성하기

여름 하 · 　　한수 한 · 　　바다 해 · 　　꽃 화 · 　　말씀 화 ·

國花　　話術　　漢江　　海物　　夏服
| 국 | | | 술 | | 강 | | 물 | | 복 |

살 활 · 　　효도 효 · 　　뒤 후 · 　　쉴 휴 ·

休日　　後半　　孝子　　活動
| | 일 | | 반 | | 자 | | 동 |

2학년 한자 문장 읽고 쓰기 9

아래 글을 읽고 한자의 음을 연필로 바르게 써 보세요.

여름방학에 떠난 여행

여름방학에는 외할머니가 계시는 시골로 내려갑니다.

외할머니 집 앞 海☐변에서 시원하게 夏☐복으로 갈아입고, 물놀이도 하고 모래밭을 뛰어다닙니다. 뜨거운 햇볕이 내리쬐는 오後☐에는 시원한 그늘을 찾아 동話☐책도 읽고, 漢☐자 공부도 하면서 休☐식을 취합니다.

그러고 나서 孝☐도하기 위해 할머니를 도와 花☐초에 물도 주면서 活☐발하게 움직입니다.

2학년이 알아야 할 부수 한자
덧쓰고 그림연상하고 눈으로 익히기 [1]

4획

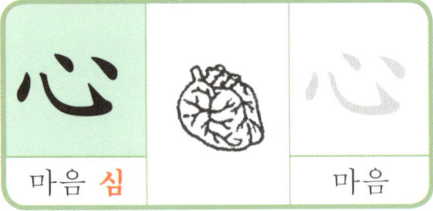
心 - 마음 심 / 마음

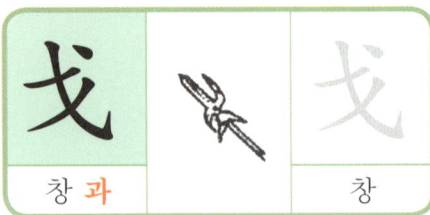
戈 - 창 과 / 창

戶 - 지게문 호 / 지게

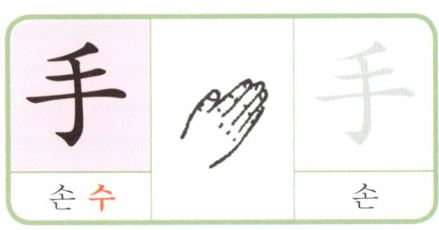
手 - 손 수 / 손

支 - 지탱할 지 / 지탱할

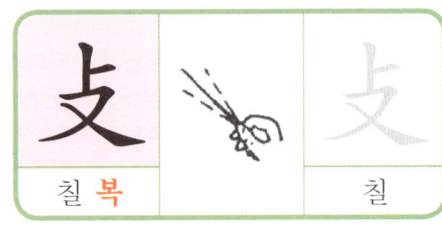
攴 - 칠 복 / 칠

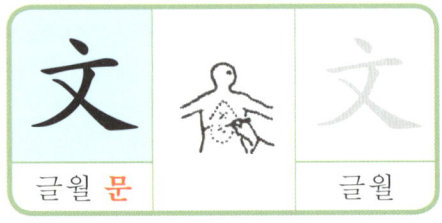
文 - 글월 문 / 글월

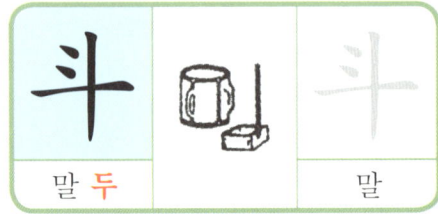
斗 - 말 두 / 말

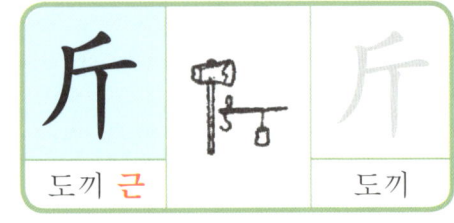
斤 - 도끼 근 / 도끼

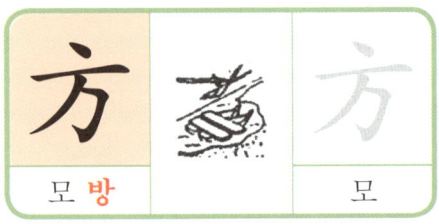
方 - 모 방 / 모

无 - 없을 무 / 없을

日 - 날 일 / 날

曰 - 가로 왈 / 가로

月 - 달 월 / 달

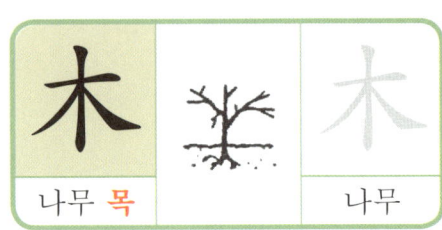
木 - 나무 목 / 나무

2학년이 알아야 할 부수 한자
덧쓰고 그림연상하고 눈으로 익히기 [2]

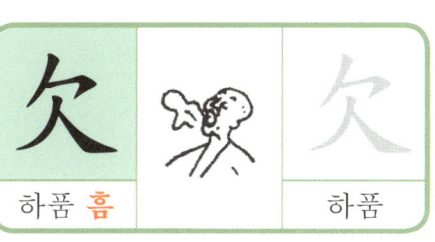
하품 흠

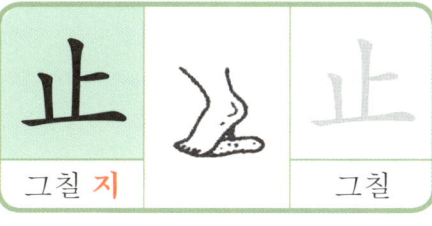
그칠 지

뼈앙상할 알

창 수

말 무

견줄 비

털 모

각시 씨/성씨 씨

기운 기

물 수

불 화

손톱 조

아비 부

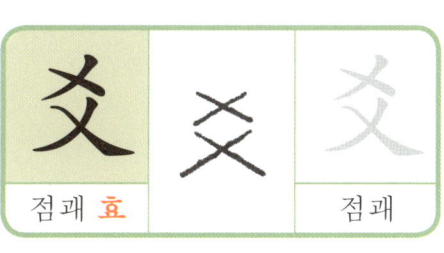
점괘 효

나무조각 장

2학년이 알아야 할 부수 한자
덧쓰고 그림연상하고 눈으로 익히기 [3]

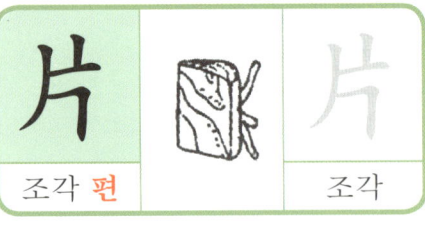 조각 편 / 조각

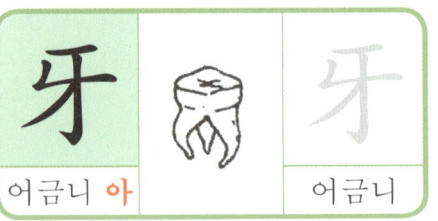 어금니 아 / 어금니

 소 우 / 소

 개 견 / 개

5획

 검을 현 / 검을

 구슬 옥 / 구슬

 오이 과 / 오이

 기와 와 / 기와

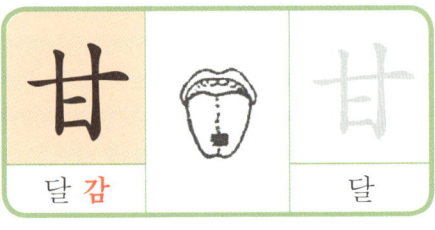 달 감 / 달

 날 생 / 날

 쓸 용 / 쓸

 밭 전 / 밭

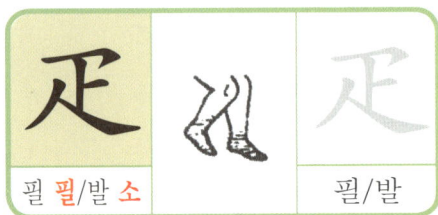 필필/발소 / 필/발

2학년이 알아야 할 부수 한자
덧쓰고 그림연상하고 눈으로 익히기 [4]

병들어기댈 녁 / 병들어기댈

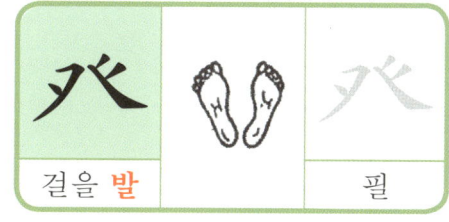
걸을 발 / 필

흰 백 / 흰

가죽 피 / 가죽

그릇 명 / 그릇

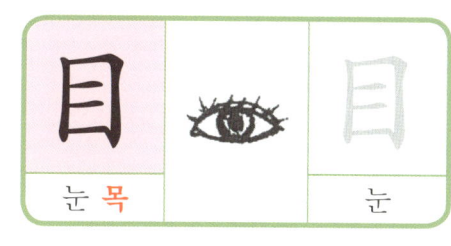
눈 목 / 눈

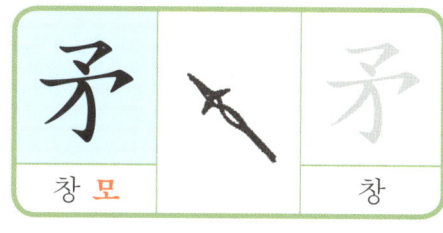
창 모 / 창

화살 시 / 화살

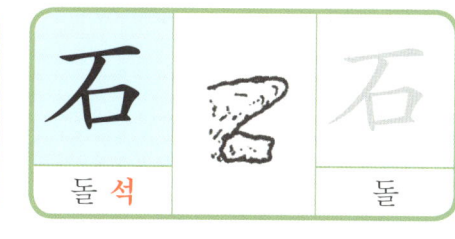
돌 석 / 돌

보일 시 / 보일

발자국 유 / 발자국

벼 화 / 벼

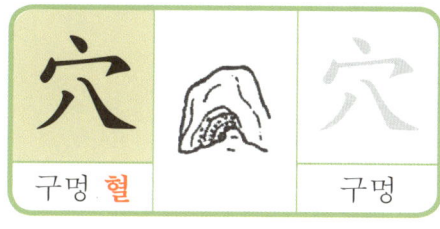
구멍 혈 / 구멍

설 립 / 설

3학년이 알아야 할 한자 149자
하루 4자씩 공부하기

- 초등학생 3학년 배정 한자 149자

- 초등학생 3학년이 알아야 할 기본 한자
  < 1일 차 각각 각 各 ~ 38일 차 가르칠 훈 訓 >

- 3학년 한자 사다리 선 따라 낱말 확인하고 덧쓰기

- 3학년 한자 문장 읽고 쓰기

- 3학년이 알아야 할 부수한자
  덧쓰고 그림연상하고 눈으로 익히기

초등학생 3학년 배정 한자 149자

各	角	感	强	開	京	界	計	古	苦
각각 각	뿔 각	느낄 감	강할 강	열 개	서울 경	지경 계	셀 계	예 고	쓸 고
高	功	共	公	果	科	光	交	區	球
높을 고	공 공	한가지 공	공평할 공	실과 과	과목 과	빛 광	사귈 교	구분할 구	공 구

郡	近	根	今	急	級	多	短	堂	代
고을 군	가까울 근	뿌리 근	이제 금	급할 급	등급 급	많을 다	짧을 단	집 당	대신 대
待	度	圖	讀	童	頭	等	樂	例	禮
기다릴 대	법도 도/헤아릴 탁	그림 도	읽을 독/구절 두	아이 동	머리 두	무리 등	즐길 락/노래 악	법식 례	예도 례

路	綠	理	利	李	明	目	聞	米	美
길 로	푸를 록	다스릴 리	이할 리	오얏/성 리	밝을 명	눈 목	들을 문	쌀 미	아름다울 미
朴	反	半	班	發	放	番	別	病	服
순박할/성 박	돌이킬 반	반 반	나눌 반	필 발	놓을 방	차례 번	다를/나눌 별	병 병	옷 복

本	部	分	使	死	社	書	石	席	線
근본 본	떼/거느릴 부	나눌 분	하여금/부릴 사	죽을 사	모일 사	글 서	돌 석	자리 석	줄 선
雪	成	省	消	速	孫	樹	術	習	勝
눈 설	이룰 성	살필 성/덜 생	사라질 소	빠를 속	손자 손	나무 수	재주 술	익힐 습	이길 승

始	式	身	神	信	新	失	愛	夜	野
비로소 시	법 식	몸 신	귀신 신	믿을 신	새 신	잃을 실	사랑 애	밤 야	들 야
弱	藥	洋	陽	言	業	永	英	溫	用
약할 약	약 약	큰바다 양	볕 양	말씀 언	업 업	길 영	꽃부리 영	따뜻할 온	쓸 용

勇	運	遠	園	由	銀	音	飮	衣	醫
날랠 용	옮길 운	멀 원	동산 원	말미암을 유	은 은	소리 음	마실 음	옷 의	의원 의
意	者	作	昨	殘	章	才	在	戰	定
뜻 의	놈 자	지을 작	어제 작	남을 잔	글 장	재주 재	있을 재	싸움 전	정할 정

庭	第	題	朝	族	注	晝	集	窓	淸
뜰 정	차례 제	제목 제	아침 조	겨레 족	부을 주	낮 주	모을 집	창 창	맑을 청
體	親	太	通	特	表	風	合	行	幸
몸 체	친할 친	클 태	통할 통	특별할 특	겉 표	바람 풍	합할 합	다닐 행/항렬 항	다행 행

向	現	形	號	和	畵	黃	會	訓
향할 향	나타날 현	모양 형	이름 호	화할 화	그림 화/그을 획	누를 황	모일 회	가르칠 훈

초등학생 3학년이 알아야 할 기본 한자

1일 차

※ 아래 한자의 훈·음을 읽고 획순을 따라 연필로 바르게 써 보세요.

6급 4획   各 夂 冬 各

各	各	各			

각각 **각** | 뜻 | 각자. 저마다 다 따로.

 各其(각기) 저마다 따로따로. 각각 저마다의 것.
各自(각자) 각각의 자기 자신. 각각의 사람이 다 따로.

훈·음 연상 자동 암기
사람마다 각각 각자의 말이 다르다.

6급 7획   角 角 ⺈ 角 角 角

角	角				

뿔 **각** | 뜻 | 짐승의 뿔 모양을 나타냄.

 角木(각목) 모서리가 각이 지게 다듬어진 나무.
角度器(각도기) 각의 크기를 재는 도구. 원반형에 눈금 표시.

훈·음 연상 자동 암기
동물의 뿔은 조금씩 각도의 차이가 있다.

6급 13획   丨 厂 厂 厂 反 咸 咸 咸 咸 感 感 感

感	感	感			

느낄 **감** | 뜻 | 감각으로 알다. 마음으로 깨닫다.

 感動(감동) 깊이 느껴 마음이 움직임.
感激(감격) 마음속 깊이 느껴 뭉클한 감정이 일어남.

훈·음 연상 자동 암기
손으로 느낄 수 있게 감을 잡다.

6급 12획   强 强 弓 弖 弖 弓丶 弓丶 强 强 强 强

强	强	强			

강할 **강** | 뜻 | 보통 이상으로 세다.

 强力(강력) 매우 세고 강하다. 효력이나 작용이 강함.
强調(강조) 어떤 부분을 특히 강하게 주장하거나 두드러지게 함.

훈·음 연상 자동 암기
강할 때 더 강한 사람도 있다.

초등학생 3학년이 알아야 할 기본 한자

2일 차

※ 아래 한자의 훈·음을 읽고 획순을 따라 연필로 바르게 써 보세요.

훈·음 연상 자동 암기
문을 열어 개방하다.

6급 12획

開開開開門門門門門門開開

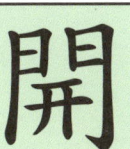

열 **개** | 뜻 | 밀거나 당겨 안팎이 통하게 하다.

활용한자 開門(개문) 문을 열다. 영업을 하고 있다.
開方(개방) 금지되거나 제한되어 있는 것을 풀어 자유롭게 함.

훈·음 연상 자동 암기
서울의 옛 이름은 경성이었다.

6급 8획

京京京京京京京京

서울 **경** | 뜻 | 우리나라의 수도.

활용한자 京仁(경인) 서울과 인천.
上京(상경) 지방에서 서울로 올라감.

훈·음 연상 자동 암기
두 지경으로 나누어 경계선을 긋다.

6급 9획

界界界界界界界界界

지경 **계** | 뜻 | 땅의 두 지역 경계가 서로 맞닿음.

활용한자 世界(세계) 지구상의 모든 나라.
境界(경계) 사물이 어떠한 기준에 의하여 분간되는 한계.

훈·음 연상 자동 암기
개수를 셀 수 있으면 계산도 할 수 있다.

6급 9획

計計計計計計計計計

셀 **계** | 뜻 | 하나씩 헤아리다. 연산하다.

활용한자 計算(계산) 수를 헤아림. 어떤 일을 예상하거나 고려함.
時計(시계) 시각을 나타내거나 시간을 재는 기계나 장치를 통틀어 이르는 말.

초등학생 3학년이 알아야 할 기본 한자

3일 차

※ 아래 한자의 훈·음을 읽고 획순을 따라 연필로 바르게 써 보세요.

훈·음 연상 자동 암기
예전부터 있던 오래된 궁궐을 고궁이라고 한다.

6급 5획

古古古古古

古 옛 고

뜻 | 지난 지 아주 오래된 때.

활용한자
古宮(고궁) 옛 궁궐.
古代(고대) 먼 옛날. 역사 시대 구분의 하나로, 원시 시대와 중세 사이의 시대.

훈·음 연상 자동 암기
약을 먹으면 쓸 것 같아 고민하다.

6급 9획

苦苦苦苦苦苦苦苦苦

苦 쓸 고

뜻 | 소태나 씀바귀 등의 맛처럼 느껴지는 맛.

활용한자
苦心(고심) 몹시 애를 태우며 마음을 씀.
苦悶(고민) 마음속으로 괴로워하며 속을 태움.

훈·음 연상 자동 암기
산이 높을 줄 알고도 고산을 올라갔다.

6급 10획

高高高高高高高高高

高 높을 고

뜻 | 아래에서 위까지의 길이가 길다.

활용한자
高級(고급) 물건이나 시설의 품질이 뛰어나고 값이 비쌈.
高手(고수) 특정 분야에서 기술이나 실력이 매우 뛰어난 사람.

훈·음 연상 자동 암기
공을 들여서 공로상을 받았다.

6급 5획

功功功功功

功 공 공

뜻 | 어떤 목적을 이루는 데 힘쓴 노력이나 수고. 애를 쓰는 힘.

활용한자
功名(공명) 공을 세워 자기의 이름을 널리 드러냄. 또는 그 이름.
功勞(공로) 어떤 목적을 이루는 데 들인 노력이나 수고.

사다리 선 따라 낱말 확인하고 덧쓰기 1

아래 훈·음을 읽고 선을 바르게 따라 내려가 한자를 덧쓰세요.

[各~京]

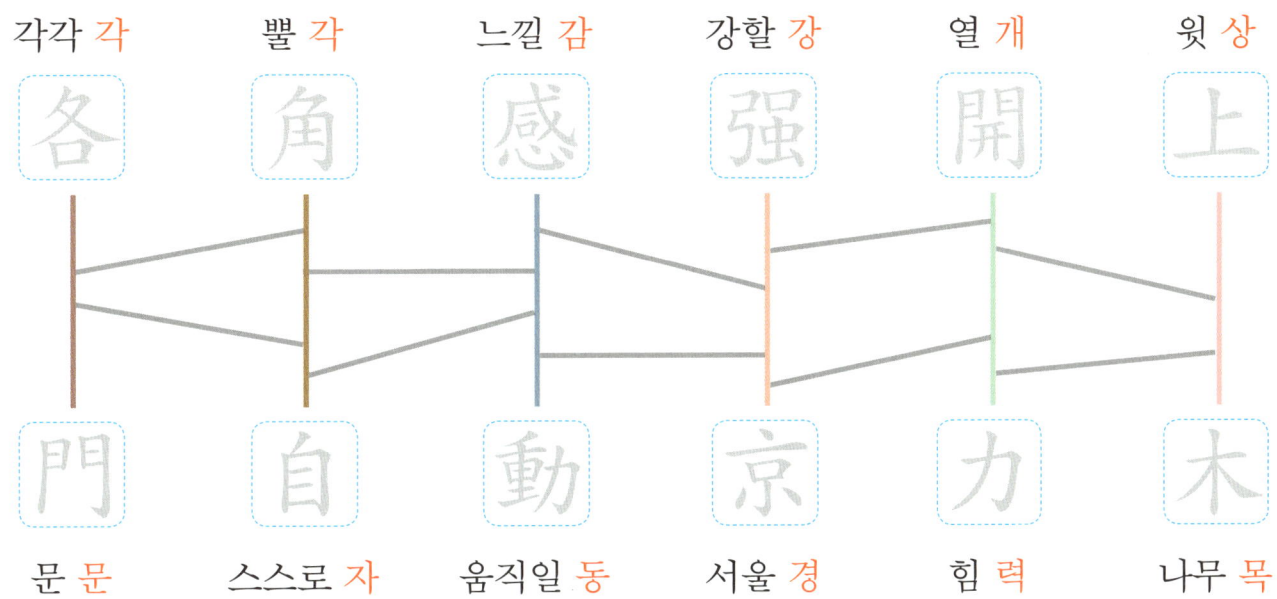

[界~功]

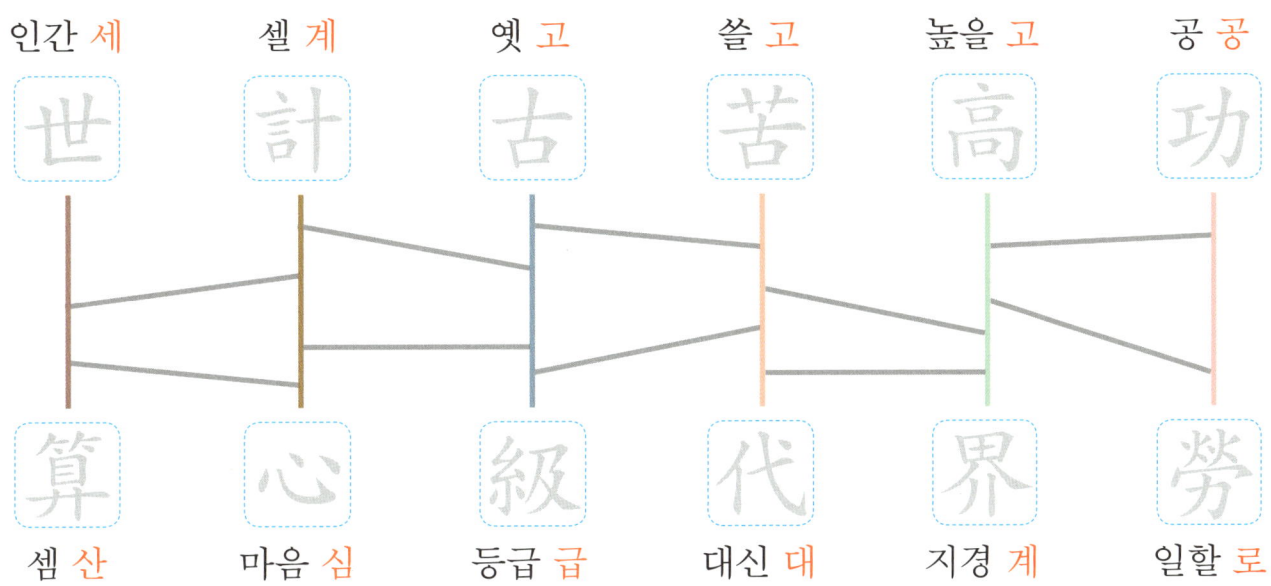

3학년 한자 문장 읽고 쓰기 1

아래 글을 읽고 한자의 음을 연필로 바르게 써 보세요.

아름다운 서울 이야기

세界☐ 여러 나라 중에서도 대표적인 開☐방도시가 서울입니다.

생計☐를 위해서 많은 사람이 各各☐☐ 비행기나 버스, 기차를 타고 서울로 상京☐을 합니다. 古☐서에는 苦☐생 끝에 낙이 온다는 말과 強☐한 사람은 꼭 성功☐한다는 이야기가 있습니다.

그 말을 가슴에 새기며 서울에 있는 세 봉우리가 뿔처럼 높게 서 있는 멋있는 삼角☐산과 화려한 高☐층 빌딩을 보고 크게 感☐동을 느낍니다.

초등학생 3학년이 알아야 할 기본 한자

4일 차

※ 아래 한자의 훈·음을 읽고 획순을 따라 연필로 바르게 써 보세요.

6급 6획 　　　　共 一 十 共 共 共

共	共	共			

한가지 **공** | 뜻 | 사물의 형태나 성질, 동작이 서로 같은 것.

 활용한자
共感(공감) 남의 감정, 생각 등에 찬성하여 자기도 그렇다고 느낌.
共同(공동) 둘 이상의 사람이나 단체가 힘을 합하여 일을 같이함.

훈·음 연상 자동 암기
한가지로 공동 설계를 하다.

6급 4획 　　　　　　ハ 八 公 公

公	公	公			

공평할 **공** | 뜻 | 어느 한쪽에 치우치지 않고 고름.

 활용한자
公共(공공) 사회 구성원에게 공동으로 속하거나 두루 관계되는 것.
公平(공평) 어느 한쪽에 치우치지 않고 고름.

훈·음 연상 자동 암기
공평할 수 있게 공평하게 나누다.

6급 8획 　　　　果 果 果 果 果 果 果 果

果	果	果			

실과 **과** | 뜻 | 과일. 나무를 가꾸어 얻는, 사람이 먹을 수 있는 열매.

 활용한자
果樹(과수) 먹을 수 있는 열매를 수확하기 위하여 기르는 나무.
果刀(과도) 과일을 깎는 칼.

훈·음 연상 자동 암기
실과나무를 과수원에 심다.

6급 9획 　　　　科 千 千 禾 禾 禾 科 科

科	科	科			

과목 **과** | 뜻 | 지식의 각 분야를 세분한 교과 영역. 학문의 특정 분야.

 활용한자
敎科(교과) 가르치는 과목.
科學(과학) 진리나 법칙의 발견을 목적으로 한 체계적인 지식.

훈·음 연상 자동 암기
주요 과목을 알고 과를 선택한다.

113

초등학생 3학년이 알아야 할 기본 한자

5일 차

※ 아래 한자의 훈·음을 읽고 획순을 따라 연필로 바르게 써 보세요.

훈·음 연상 자동 암기
빛이 나면 광도 생긴다.

6급 6획

光光光光光光

빛 **광** | 뜻 | 사람이 횃불을 높이 든 모양.

활용한자
光明(광명) 밝고 환한 빛.
風光(풍광) 경치. 자연이나 세상의 모습.

훈·음 연상 자동 암기
사귈 마음이 있다면 나와 교제해 줘.

6급 6획

交交交交交交

사귈 **교** | 뜻 | 만나 가까운 사람으로 만들다.

활용한자
交友(교우) 벗을 사귐.
交信(교신) 우편이나 전신, 전화 등으로 정보나 의견을 주고받음.

훈·음 연상 자동 암기
구분할 구역을 잘 나누자!

6급 11획

區區區區區區區區區

구분할 **구** | 뜻 | 많은 물건을 모양이 같은 것끼리 나눔.

활용한자
區分(구분) 일정한 기준에 따라 전체를 몇 개로 나누어서 가름.
區間(구간) 어떤 지점과 다른 지점과의 사이.

훈·음 연상 자동 암기
공을 들고 구장으로 들어가다.

6급 11획

球球球球球球球球球球球

공 **구** | 뜻 | 운동 경기에서 던지거나 찰 수 있게 만든 둥근 모양의 물건.

활용한자
地球(지구) 인류가 살고 있는 천체. 태양계에 속하는 행성의 하나.
球場(구장) 구기 종목 시합을 하는 운동장. 특히 야구장을 가리킴.

초등학생 3학년이 알아야 할 기본 한자

6일 차

※ 아래 한자의 훈·음을 읽고 획순을 따라 연필로 바르게 써 보세요.

훈·음 연상 자동 암기
고을 중심에는 군청이 있다.

6급 10획

郡 고을 군 | 뜻 | 군청이 위치한 지역 사회.

 郡民(군민) 그 군에 사는 사람.
郡内(군내) 행정 구역의 하나인 군의 안. 또는 고을 안.

훈·음 연상 자동 암기
가까울수록 근처가 되다.

6급 8획

近 가까울 근 | 뜻 | 거리가 짧다. 서로의 사이가 다정하고 친근하다.

 近間(근간) 요사이. 지금까지의 가까운 얼마 동안.
近方(근방) 근처. 어떤 대상을 중심으로 가까운 곳.

훈·음 연상 자동 암기
식물은 뿌리가 근원이다.

6급 10획

根 뿌리 근 | 뜻 | 식물을 받치고 땅속으로부터 물과 양분을 빨아들이는 기관.

 根本(근본) 사물이나 생각 등이 생기는 본바탕.
心根(심근) 어떤 일이나 사람에게 마음을 쓰는 태도.

훈·음 연상 자동 암기
이제 금방 출발할 참이었다.

6급 4획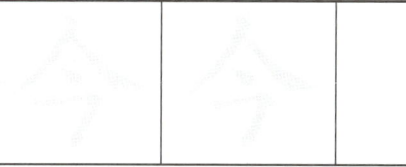

今 이제 금 | 뜻 | 바로 이때. 시간적으로 지금.

 今方(금방) 말하고 있는 때보다 바로 조금 전에, 또는 후에.
今日(금일) 오늘. 지금 시간이 흐르고 있는 이날.

115

사다리 선 따라 낱말 확인하고 덧쓰기 2

아래 훈·음을 읽고 선을 바르게 따라 내려가 한자를 덧쓰세요.

〔共~交〕

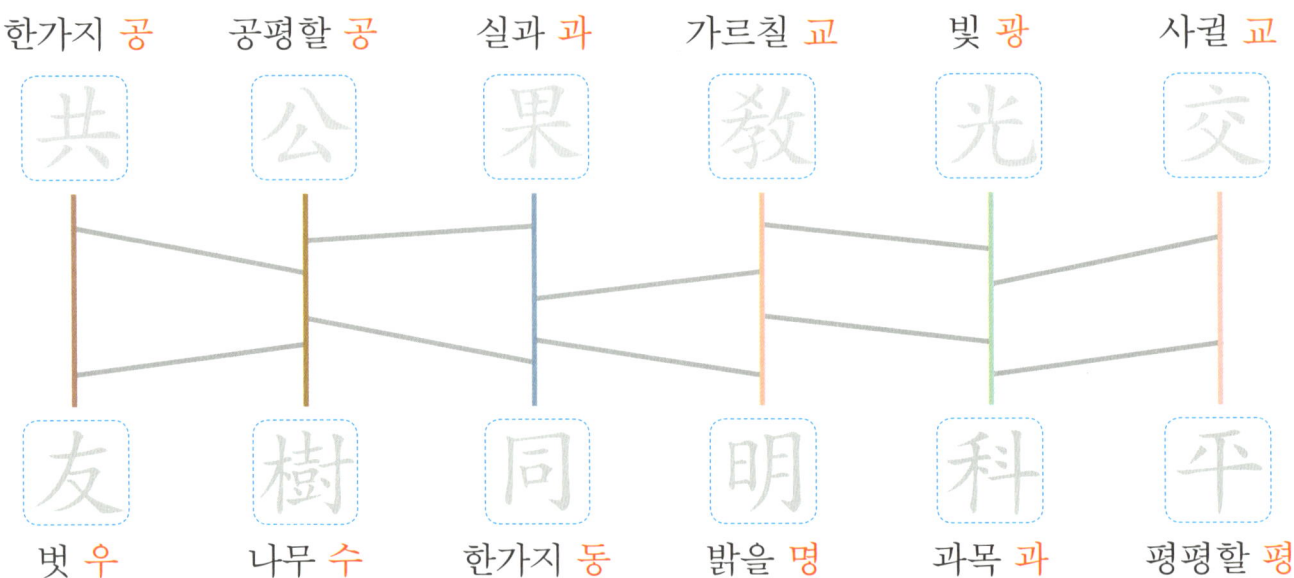

〔區~今〕

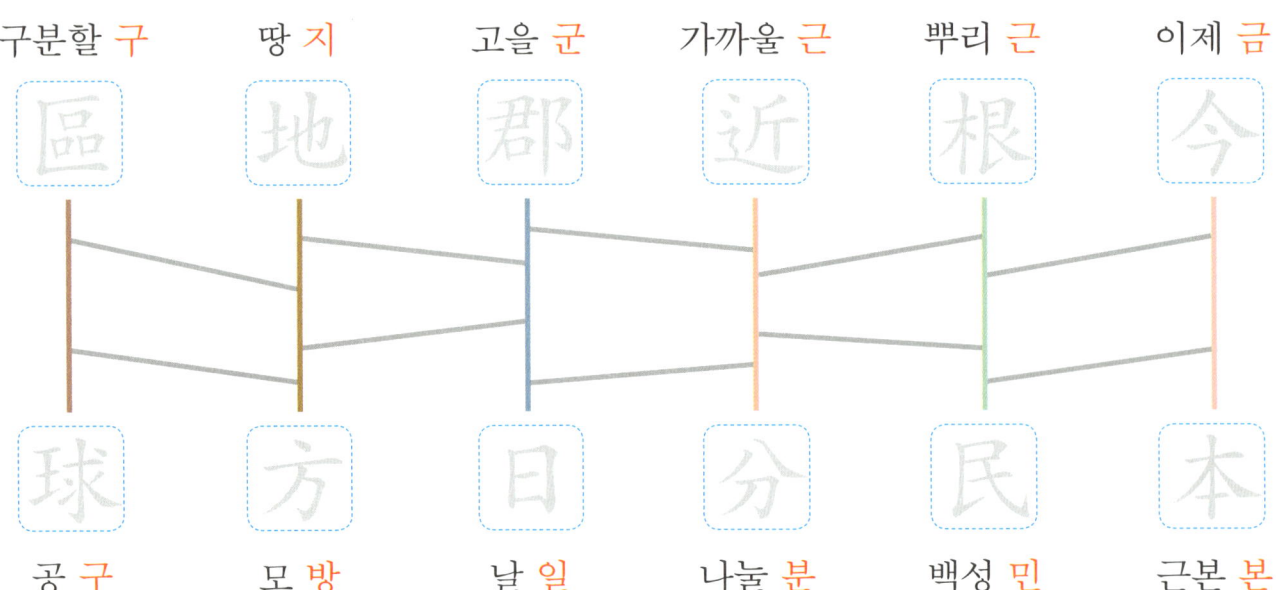

3학년 한자 문장 읽고 쓰기 2

아래 글을 읽고 한자의 음을 연필로 바르게 써 보세요.

지구 살리기 캠페인

이곳은 형光[　]등 불빛 하나 없고, 交[　]통이 불편한 산속 시골 마을입니다. 저는 이곳에서 오랫동안 果[　]수원을 하고 있습니다. 얼마 전부터 이 近[　]처에 사는 郡[　]민들은 동네 한 區[　]역의 公共[　][　] 장소에 모여 지球[　] 살리기 캠페인을 하고 있습니다. 이것은 今[　]년 가장 큰 행사로 아무리 科[　]학이 발달해 환경이 파괴되면 사람이 살 수 없다는 것을 깨닫고 우리의 나쁜 根[　]성을 고쳐야 함을 알리는 행사입니다.

초등학생 3학년이 알아야 할 기본 한자

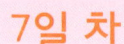 7일 차

※ 아래 한자의 훈·음을 읽고 획순을 따라 연필로 바르게 써 보세요.

6급 9획

急急急急急急急急急

| 急 | 急 | 急 | | | |

급할 **급** | 뜻 | 서둘러 돌보거나 빨리 처리해야 할 상태.

훈·음 연상 자동 암기
급할 때는 급행열차를 탄다.

활용한자
急速(급속) 속도가 몹시 빠름.
急行(급행) 큰 역에만 정차하는, 운행 속도가 빠른 열차.

6급 10획

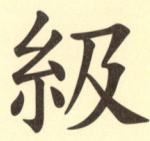

級級級級級級級級級級

| 級 | 級 | 級 | | | |

등급 **급** | 뜻 | 신분, 품질, 값, 높고 낮음, 좋고 나쁨을 여러 단계로 구분.

훈·음 연상 자동 암기
등급으로 급수를 정한다.

활용한자
級數(급수) 능력이나 기술 등의 높고 낮음에 따른 등급.
學級(학급) 한 교실 안에서 같은 기간 동안 교육을 받는 학생집단.

6급 6획

多多多多多多

| 多 | 多 | 多 | | | |

많을 **다** | 뜻 | 일정한 기준치보다 위.

훈·음 연상 자동 암기
음식이 많을 것 같아 다수를 초대했다.

활용한자
多數(다수) 많은 수. 수효가 많음.
多少(다소) 적기는 하지만 어느 정도. 분량이나 정도의 많고 적음.

6급 12획

短短短短短短短短短短短短

| 短 | 短 | 短 | | | |

짧을 **단** | 뜻 | 화살과 콩의 길이 밖에 안됨.

훈·음 연상 자동 암기
시간이 짧을 것을 알면 단시간에 해낸다.

활용한자
短文(단문) 짧은 글.
短信(단신) 짤막하게 전해지는 뉴스. 짧게 쓴 편지.

초등학생 3학년이 알아야 할 기본 한자

8일 차

※ 아래 한자의 훈·음을 읽고 획순을 따라 연필로 바르게 써 보세요.

훈·음 연상 자동 암기
집안에 별당을 짓다.

6급 11획

堂堂堂堂堂堂堂堂堂堂堂

堂

집 당 | 뜻 | 사람이 들어서 살거나 활동할 수 있도록 지은 건축물.

활용한자
別堂(별당) 본채의 곁이나 뒤에 따로 떨어져 있는 집이나 방.
食堂(식당) 음식을 만들어 파는 가게. 식사를 할 수 있는 시설.

훈·음 연상 자동 암기
나 대신 대리가 처리한다.

6급 5획

代代代代代

代

대신 대 | 뜻 | 어떤 대상과 역할이나 책임을 바꾸거나 그것을 떠맡아 함.

활용한자
代金(대금) 물건의 값. 또는 어떤 일을 한 대가로 치르는 돈.
代理(대리) 회사나 기관 등에서 어떤 직무를 대신해서 처리하는 직위.

훈·음 연상 자동 암기
기다릴 때 같이 대기하자!

6급 9획

待待待待待待待待待

待

기다릴 대 | 뜻 | 준비를 갖추고 그것이 이루어지길 바라면서 시간을 보내다.

활용한자
待機(대기) 때나 기회를 기다림.
招待(초대) 어떤 모임에 참석해 줄 것을 청함.

훈·음 연상 자동 암기
항상 법도를 지키는 태도가 필요하다.

6급 9획

度度度度度度度度度

度

법도 도 | 뜻 | 생활상의 예법 및 법률과 제도.

활용한자
法度(법도) 생활상의 예법과 제도.
度量(도량) 마음이 넓고 생각이 깊어 사람이나 사물을 잘 포용하는 품성.

초등학생 3학년이 알아야 할 기본 한자

9일 차

※ 아래 한자의 훈·음을 읽고 획순을 따라 연필로 바르게 써 보세요.

6급 14획

圖圖圖圖圖圖圖圖圖圖圖圖圖圖

圖

그림 도 | 뜻 | 선이나 색채를 이용하여 사람이나 사물, 풍경 등을 그린 것.

활용한자 圖形(도형) 그림의 모양이나 형태. 점, 선, 면 등이 모여 이루어진 사각형이나 원.

훈·음 연상 자동 암기
그림을 도화지에 그린다.

6급 22획

讀讀讀讀讀讀讀讀讀讀讀讀讀讀讀讀

讀

읽을 독/구절 두 | 뜻 | 약속된 대로 발음해 소리 내다. 한 토막의 말이나 글.

활용한자 讀書(독서) 책을 읽음.
讀者(독자) 책, 신문, 잡지 등의 글을 읽는 사람.

훈·음 연상 자동 암기
읽을 책을 독서하며, 구절의 구두점을 살핀다.

6급 12획

童童童童童童童童童童童童

童

아이 동 | 뜻 | 나이가 어린 사람.

활용한자 童心(동심) 어린아이의 마음.
童話(동화) 어린이를 위해 동심을 바탕으로 지은 이야기.

훈·음 연상 자동 암기
아이와 함께 동화책을 읽다.

6급 16획

頭頭頭頭頭頭頭頭頭頭頭頭頭頭頭頭

頭

머리 두 | 뜻 | 사람의 목 윗부분에서 머리털이 나 있는 부분.

활용한자 先頭(선두) 대열이나 행렬 또는 어떤 활동의 맨 앞.
頭巾(두건) 헝겊 등으로 만들어 머리에 쓰는 물건.

훈·음 연상 자동 암기
아이의 머리 두상이 예쁘다.

120

사다리 선 따라 낱말 확인하고 덧쓰기 ③

아래 훈·음을 읽고 선을 바르게 따라 내려가 한자를 덧쓰세요.

〔急~代〕

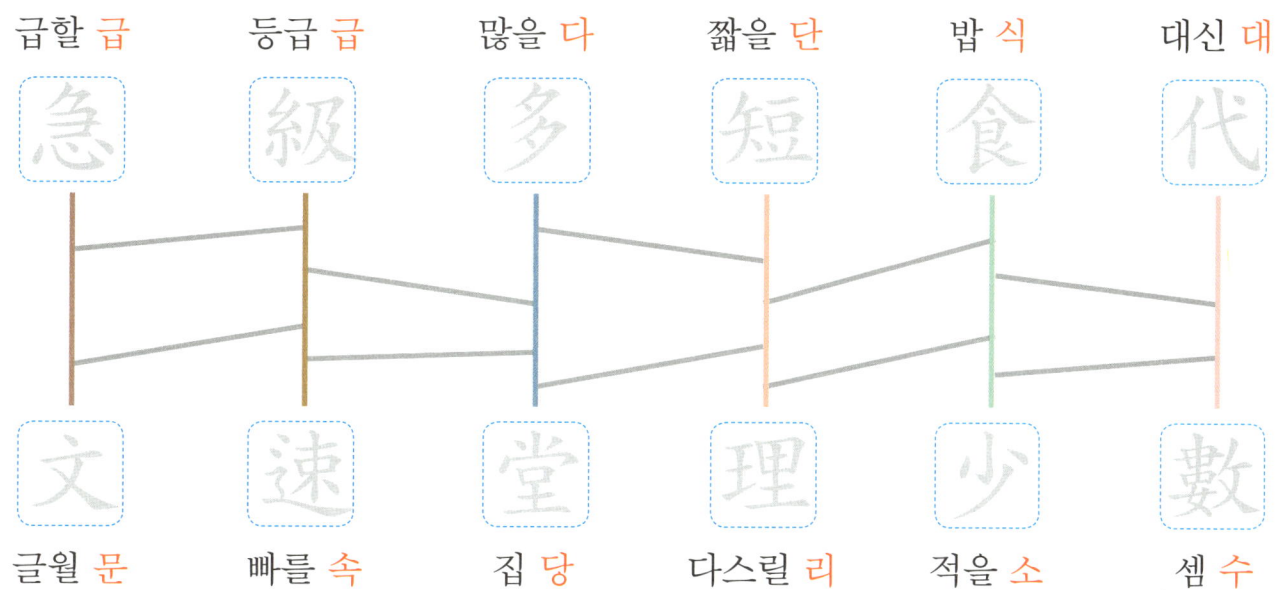

〔待~頭〕

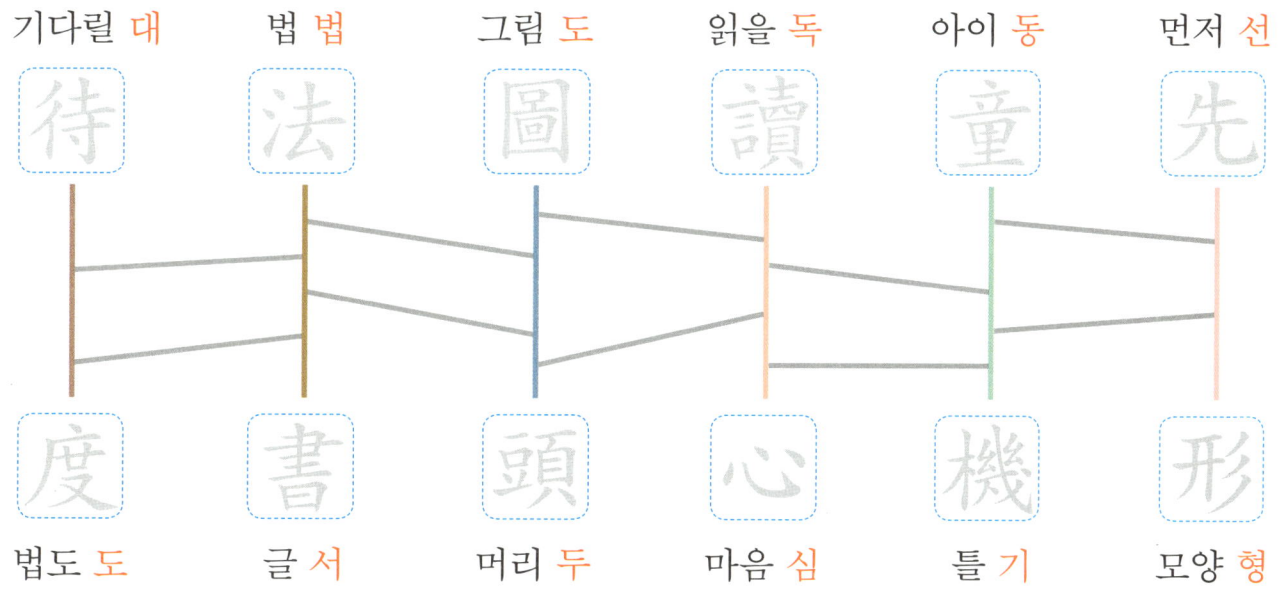

3학년 한자 문장 읽고 쓰기 ③

아래 글을 읽고 한자의 음을 연필로 바르게 써 보세요.

기차 풍경

오늘은 속度[ ]가 빠른 急[ ]행열차를 타고 학級[ ] 친구들과 기차여행을 떠나요.
기차 식堂[ ]칸에 모인 친구들은 고代[ ] 이야기 책을 讀[ ]서하거나 쉬운 童[ ]화책을 여러 권 多[ ]독하고 있습니다.
책들이 短[ ]문 형식이라 짧은 시간 동안 기차에서 많이 읽었어요.
우리 반 代[ ]표는 선頭[ ]에 서서 친구들이 읽은 책에 圖[ ]장을 하나씩 찍어 주고 있습니다.

초등학생 3학년이 알아야 할 기본 한자

 10일 차

※ 아래 한자의 훈·음을 읽고 획순을 따라 연필로 바르게 써 보세요.

훈·음 연상 자동 암기
무리 중에서 등급을 매기다.

6급 12획
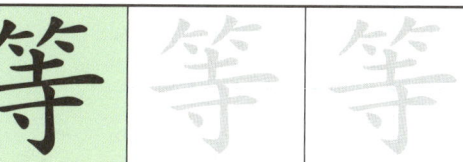

等 무리 등 | 뜻 | 여럿이 함께 모여 있는 떼.

활용한자 **等級(등급)** 신분, 품질, 값, 각종 평가 등의 높고 낮음, 좋고 나쁨을 나누어 구분함.

훈·음 연상 자동 암기
즐길 낙원에서 노래하고 악기도 연주하다.

6급 15획

樂 즐길 락/노래 악 | 뜻 | 좋아하다. 일정한 형식의 말에 음을 붙여 소리 내 부름.

활용한자 **樂園(낙원)** 아무런 걱정이나 부족함이 없이 편안하고 즐겁게 살 수 있는 곳.

훈·음 연상 자동 암기
법식대로 하면 좋은 사례(예)가 된다.

6급 8획
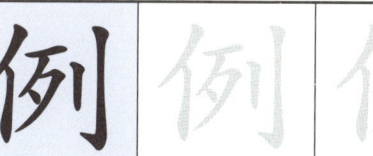

例 법식 례 | 뜻 | 생활상의 예법이나 양식.

활용한자 **例文(예문)** 학습이나 학습 평가를 위해 예로 드는 글.
先例(선례) 이전에 있던 사례. 이미 있었던 법원의 판결.

훈·음 연상 자동 암기
예도를 알아야 례(예)의가 바르다.

6급 16획

禮 예도 례 | 뜻 | 지켜야 할 예의와 법도를 아울러 이르는 말.

활용한자 **禮節(예절)** 예의와 범절을 아울러 이르는 말.
失禮(실례) 말이나 행동이 예의에 어긋남. 어떤 행동 전에 상대방의 양해를 구함.

초등학생 3학년이 알아야 할 기본 한자

11일 차

※ 아래 한자의 훈·음을 읽고 획순을 따라 연필로 바르게 써 보세요.

훈·음 연상 자동 암기
길 로(노)상으로 걸어가다.

6급 13획

路 路 路 路 路 路 路 路 路 路 路 路 路

路
길 로 | 뜻 | 어떤 곳으로 이동할 수 있도록 땅 위 공간.

활용한자
路上(노상) 길거리의 위. 길을 가는 도중.
道路(도로) 사람이나 차 등이 다닐 수 있게 땅 위에 만들어 놓은 길.

훈·음 연상 자동 암기
푸를 록(녹)지에서 쉬다.

6급 14획

綠 綠 綠 綠 綠 綠 綠 綠 綠 綠 綠 綠 綠 綠

綠
푸를 록 | 뜻 | 맑은 하늘빛이나 풀빛과 같은 색을 띤 상태.

활용한자
綠色(녹색) 청색과 황색의 중간색.
綠地(녹지) 풀이나 나무를 심은 곳. 풀과 나무가 우거진 곳.

훈·음 연상 자동 암기
다스릴 때는 리(이)치에 맞아야 한다.

6급 11획

理 理 理 理 理 理 理 理 理 理 理

理
다스릴 리 | 뜻 | 보살펴 이끌거나 관리하다.

활용한자
理致(이치) 사물의 정당하고 당연한 조리. 도리에 맞는 취지.
心理(심리) 마음의 작용과 의식의 상태.

훈·음 연상 자동 암기
이할(날카로운) 일이 있으면 리(이)익이 생긴다.

6급 7획

利 利 利 利 利 利 利

利
이할 리 | 뜻 | 이익이 있다.

활용한자
有利(유리) 이익이 있음.
利益(이익) 정신적, 물질적으로 이롭고 보탬이 되는 일.

초등학생 3학년이 알아야 할 기본 한자

12일 차

※ 아래 한자의 훈·음을 읽고 획순을 따라 연필로 바르게 써 보세요.

훈·음 연상 자동 암기
오얏(자두)나무 주인의 성이 리(이)씨이다.

6급 7획

一 十 才 木 本 李 李

오얏/성 **리** | 뜻 | 자두나무의 열매. 사람의 이름 앞에 붙어 혈통을 이라는 칭호.

활용한자 **李花**(이화) 자두 꽃.
李珥(이이) 조선 시대의 학자이자 정치가.

훈·음 연상 자동 암기
밝을 때 보면 명백하다.

6급 8획

丨 冂 冃 日 旷 明 明 明

밝을 **명** | 뜻 | 뚜렷하게 잘 보일 정도로 환하다.

활용한자 **明朗**(명랑) 유쾌하고 쾌활함. 밝고 환함.
明白(명백) 의심할 여지가 없이 아주 뚜렷하다.

훈·음 연상 자동 암기
눈으로 목격하다.

6급 5획

丨 冂 冃 目 目

눈 **목** | 뜻 | 사람의 눈 모양 글자.

활용한자 **品目**(품목) 물품 종류의 이름.
目前(목전) 눈으로 볼 수 있는 아주 가까운 곳.

훈·음 연상 자동 암기
귀로만 들을 때는 소문이다.

6급 14획

丨 冂 冃 冃 冃 門 門 門 閏 閏 閏 聞 聞 聞

들을 **문** | 뜻 | 작은 문 사이를 통해 귀로 듣는 것.

활용한자 **所聞**(소문) 여러 사람의 입에 오르내리며 세상에 떠도는 소식.
新聞(신문) 새로운 사건과 사실을 알리는 정기 간행물.

125

사다리 선 따라 낱말 확인하고 덧쓰기 4

아래 훈·음을 읽고 선을 바르게 따라 내려가 한자를 덧쓰세요.

[等~錄]

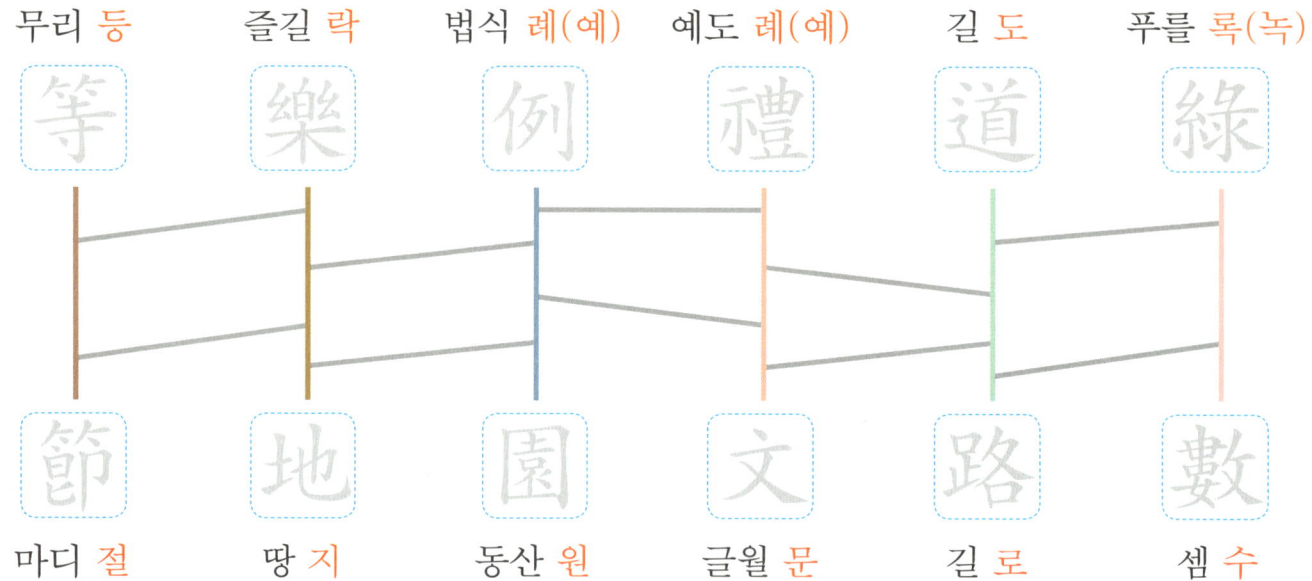

[心~所]

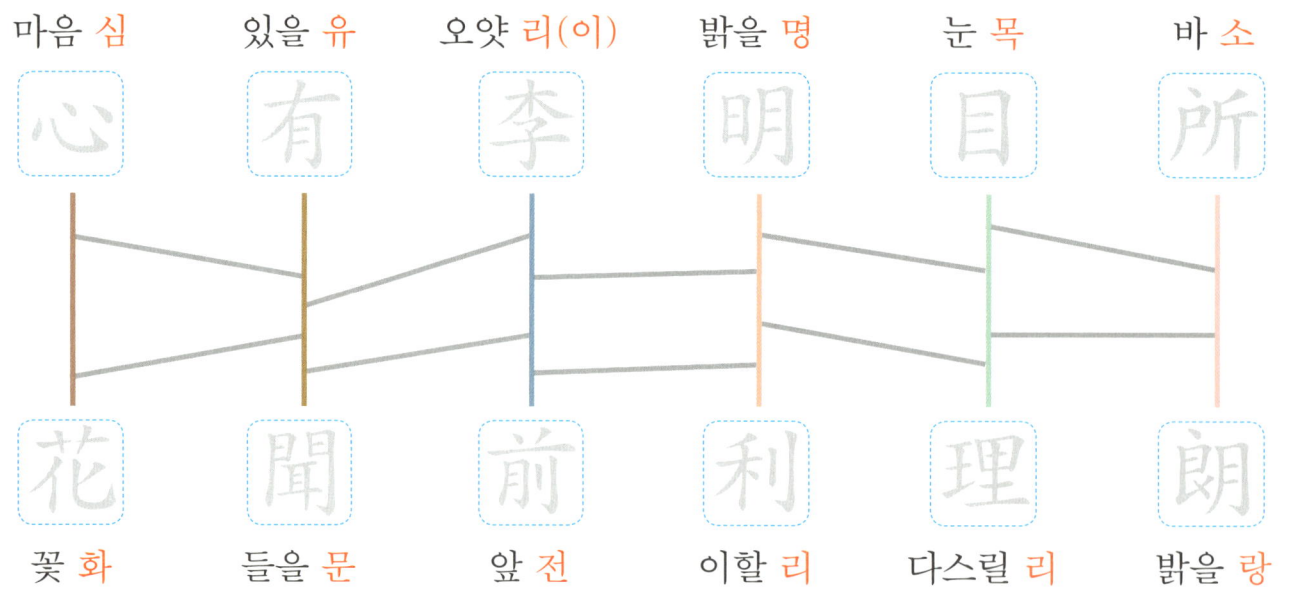

3학년 한자 문장 읽고 쓰기 4

아래 글을 읽고 한자의 음을 연필로 바르게 써 보세요.

별명이 李[ ] 도령인 친구는 樂[ ]기를 잘 다루고, 노래 제目[ ]만 대면 바로 연주를 합니다. 얼마 전 음악 경연 대회에서 일等[ ]을 해서 신聞[ ]에 기사까지 실렸어요.

신문에서 한글 바르게 쓰기 例[ ]문과 발明[ ]품에 대한 기사를 읽었습니다.

우리 집 앞 작은 도路[ ]를 지나면 초綠[ ]색 식물들이 많이 있는 공원이 있는데 강아지 산책로도 있어 강아지와 함께 산책하기 편利[ ]해요.

어른들 앞에서는 실禮[ ]하지 않고, 제 할 도理[ ]를 다 하려고 노력합니다.

초등학생 3학년이 알아야 할 기본 한자

13일 차

※ 아래 한자의 훈·음을 읽고 획순을 따라 연필로 바르게 써 보세요.

훈·음 연상 자동 암기
쌀밥만 먹는 것도 미식(米食)이다.

6급 6획   米 米 米 米 米 米

米

쌀 미 | 뜻 | 벼의 껍질을 벗긴 알맹이.

활용한자 白米(백미) 깨끗하고 희게 찧은 멥쌀.
米色(미색) 겉껍질만 벗겨 낸 쌀의 빛깔과 같은, 약간 노르스름한 색.

훈·음 연상 자동 암기
나는 앞으로 더 아름다울 미인이다.

6급 9획   美 美 美 美 美 美 美 美 美

美

아름다울 미 | 뜻 | 즐거움과 기쁨을 줄 만큼 예쁘고 곱다.

활용한자 美人(미인) 용모가 아름다운 여자.
美容(미용) 아름답게 보이기 위해 얼굴, 머리 등을 다듬고 가꾸는 일.

훈·음 연상 자동 암기
순박할 것처럼 보이는 저 사람의 성은 박씨이다.

6급 6획   十 十 十 朴 朴 朴

朴

순박할/성 박 | 뜻 | 사람이나 그 마음이 순수하고 꾸밈이 없다.

활용한자 素朴(소박) 꾸밈이나 거짓이 없이 수수함.
朴僉知(박첨지) 꼭두각시놀음의 주인공 이름.

훈·음 연상 자동 암기
돌이킬 수 있을 때 바로 반성하다.

6급 4획   反 反 反 反

反

돌이킬 반 | 뜻 | 다시 생각하거나 되돌아보다.

활용한자 反對(반대) 남의 의견이나 행동에 서로 맞섬.
反省(반성) 자기 언행에서 잘못이나 부족함이 없는지 돌이켜봄.

초등학생 3학년이 알아야 할 기본 한자

14일 차

※ 아래 한자의 훈·음을 읽고 획순을 따라 연필로 바르게 써 보세요.

6급 5획

半 半 半 半 半

半

반 **반** | 뜻 | 똑같이 둘로 나눈 것의 한 부분.

훈·음 연상 자동 암기
둘이 반반씩 나누다.

활용한자
半年(반년) 한 해의 절반인 육 개월.
半半(반반) 어떤 사물을 절반씩 똑같이 나눈 것.

6급 10획

班 班 班 班 班 班 班 班

班

나눌 **반** | 뜻 | 갈라 떨어지게 하거나 분류하다.

훈·음 연상 자동 암기
반을 새롭게 나눌 때는 반장을 뽑는다.

활용한자
班長(반장) 반을 대표하는 일을 맡은 사람.
合班(합반) 두 반 이상을 합함.

6급 12획

發 發 發 發 發 發 發 發 發 發

發

필 **발** | 뜻 | 피다. 일어나다. 나타내어 보이다.

훈·음 연상 자동 암기
꽃이 필 때 발표할 예정이다.

활용한자
發表(발표) 일의 결과나 어떤 사실 등을 세상에 널리 드러내어 알림.

6급 8획

放 放 放 放 放 放 放

放

놓을 **방** | 뜻 | 갇히거나 잡힌 상태에서 자유롭게 해 주다.

훈·음 연상 자동 암기
잡은 고기를 놓을 수 있으면 방생하는 것이 좋다.

활용한자
放生(방생) 잡힌 물고기나 새, 짐승 등을 산이나 물에 놓아서 살려 주는 일.

초등학생 3학년이 알아야 할 기본 한자

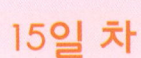 15일 차

※ 아래 한자의 훈·음을 읽고 획순을 따라 연필로 바르게 써 보세요.

훈·음 연상 자동 암기
차례대로 번호표를 나누어 주다.

6급 12획

番番番番番番番番番番番番

番

차례 **번** 뜻 | 순서 있게 구분하여 벌려 나가는 관계.

활용한자 番號(번호) 차례를 나타내기 위해 매겨진 숫자.
番地(번지) 땅을 일정한 기준에 따라 나누어 그 각각에 매긴 번호.

훈·음 연상 자동 암기
모양이 다를 것 같아, 다른 것은 별도로 나누자!

6급 7획

別別別別別別別

別

다를/나눌 **별** 뜻 | 서로 같지 않다. 갈라 떨어지게 하거나 분류하다.

활용한자 分別(분별) 서로 다른 사물을 종류에 따라 나누어 가름.
別名(별명) 사람의 특징을 갖고 남들이 본명 대신 부르는 이름.

훈·음 연상 자동 암기
병이 나서 병원에서 치료하다.

6급 10획

病病病病病病病病病病

病

병 **병** 뜻 | 사람의 몸이 고통을 느끼거나 아픔.

활용한자 病室(병실) 병을 치료하기 위해 환자를 따로 거처하게 만든 장소.
病院(병원) 일정한 시설을 갖추고 병을 진찰하고 치료하는 곳.

훈·음 연상 자동 암기
옷을 입고 복장을 단정히 하다.

6급 8획

服服服服服服服服

服

옷 **복** 뜻 | 몸을 가리기 위한 천이나 가죽 등으로 만든 물건.

활용한자 水泳服(수영복) 수영할 때 입는 옷.
校服(교복) 학교에서 정하여 모든 학생들이 입는 똑같은 옷.

사다리 선 따라 낱말 확인하고 덧쓰기 5

아래 훈·음을 읽고 선을 바르게 따라 내려가 한자를 덧쓰세요.

〔白～班〕

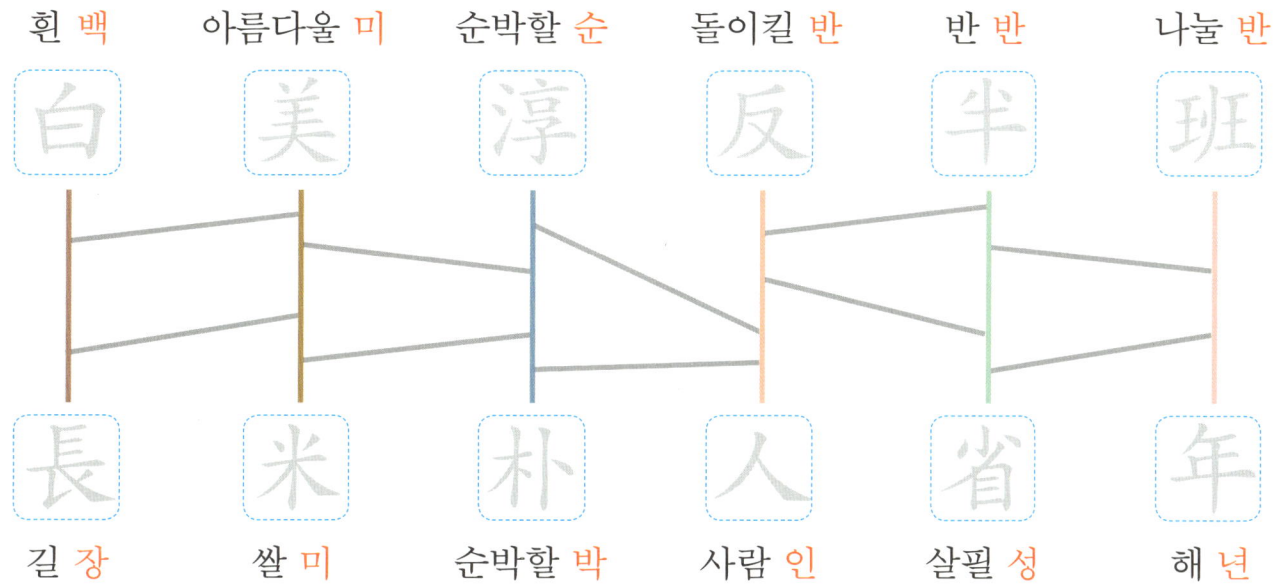

〔發～服〕

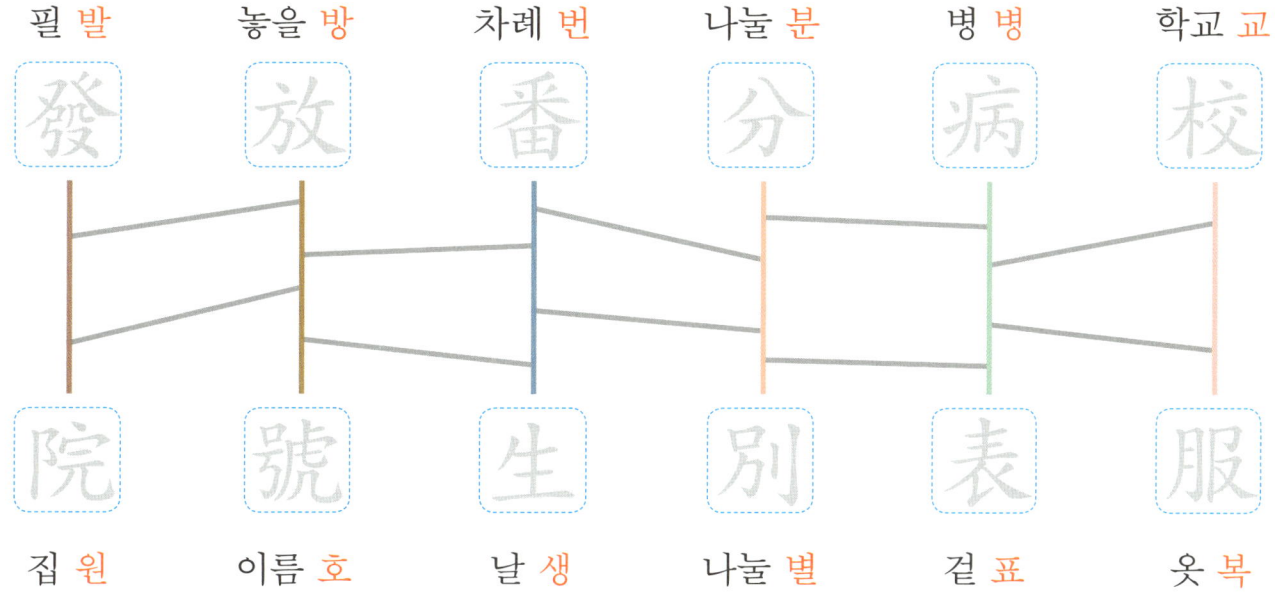

3학년 한자 문장 읽고 쓰기 5

아래 글을 읽고 한자의 음을 연필로 바르게 써 보세요.

행복한 그림 그리기 시간

알에서 태어난 신라 왕 朴☐혁거세 이야기가 흥미로워 美☐술 시간에 그림으로 그려 봤어요. 내 앞 番☐호이자 우리 반 班☐장은 『의좋은 형제』 책을 읽고 백米☐가 가득 쌓인 쌀가마니를 그렸답니다.

지난 여름 放☐학에 외할머니 댁에 갔는데 할머니의 反☐복적인 病☐이 다 나으셔서 매우 건강하신 모습을 봤어요. 나는 半☐바지 服☐장으로 물가로 나가 特☐별한 물고기를 發☐견하고 그림을 그려 할머니께 선물했습니다. 저는 그림 그리는 시간이 참 행복해요.

초등학생 3학년이 알아야 할 기본 한자

16일 차

※ 아래 한자의 훈·음을 읽고 획순을 따라 연필로 바르게 써 보세요.

6급 5획   本 十 才 木 本

本

근본 **본** | 뜻 | 사물이나 생각 등이 생기는 본바탕.

 훈·음 연상 자동 암기
나무의 근본은 뿌리가 본래이다.

활용한자
本性(본성) 사람이 본래 가지고 태어난 성질.
本來(본래) 어떤 사물이 전해 내려온 처음. 만들어지거나 생겨난 처음.

6급 11획   部 部 部 部 咅 咅 咅 咅 咅 部 部

部

떼/거느릴 **부** | 뜻 | 여럿이 함께 모여 있는 무리. 휘하에 두고 통솔하다.

 훈·음 연상 자동 암기
떼 지어 있을 때 거느릴 사람은 부장이다.

활용한자
部分(부분) 전체를 몇 개로 나눈 것의 하나.
部長(부장) 부를 단위로 하는 곳의 우두머리. 또는 그 호칭.

6급 4획   分 分 分 分

分

나눌 **분** | 뜻 | 갈라 떨어지게 하거나 분류하다.

 훈·음 연상 자동 암기
나눌 수 있으니 분배하자!

활용한자
分野(분야) 여러 갈래로 나누어진 범위나 부문.
分明(분명) 명백하고 뚜렷하다. 어긋남이 없이 확실하게.

6급 8획   使 使 仁 仁 仨 佢 使 使

使

하여금/부릴 **사** | 뜻 | '~으로 하여금'의 구성으로 쓰임. 몰아서 일을 시키다.

 훈·음 연상 자동 암기
너로 하여금 내가 부릴 사람이 생겼다.

활용한자
使役(사역) 사람이나 동물 등을 부리어 일을 시킴.
使用(사용) 사물을 필요로 하거나 소용이 되는 곳에 씀.

133

초등학생 3학년이 알아야 할 기본 한자

17일 차

※ 아래 한자의 훈·음을 읽고 획순을 따라 연필로 바르게 써 보세요.

6급 6획   死死死死死死

死 죽을 사 | 뜻 | 생명이 끊어지다.

훈·음 연상 자동 암기
죽을 사람은 사망자가 된다.

활용한자
死力(사력) 죽기를 각오하고 쓰는 힘.
死生(사생) 죽음과 삶을 아울러 이르는 말.

6급 8획   社社社社社社社社

社 모일 사 | 뜻 | 가까이 있게 되거나 합쳐지다. 들어와 쌓이다.

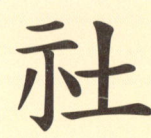

훈·음 연상 자동 암기
직원이 모일 곳에 사장님이 계시다.

활용한자
社長(사장) 회사의 우두머리로 회사 업무의 최고 책임자.
入社(입사) 취직해서 회사에 들어감.

6급 10획   書書書書書書書書書書

書 글 서 | 뜻 | 어떤 일이나 생각을 문자로 나타낸 기록.

훈·음 연상 자동 암기
옛날에는 글을 서당에서 배우다.

활용한자
書店(서점) 책을 팔거나 사는 가게.
書堂(서당) 예전에 아이들을 모아 한문을 가르치는 곳.

6급 5획   石石石石石

石 돌 석 | 뜻 | 광물질의 덩어리. 건축 등의 재료로 쓰이는 암석.

훈·음 연상 자동 암기
돌을 다뤄 석장이 물건을 만들다.

활용한자
化石(화석) 동식물의 시체 흔적이 퇴적암 등의 암석 속에 그대로 남아 있는 것.
石油(석유) 땅 속에서 나는 기름으로, 연료로 쓰인다.

초등학생 3학년이 알아야 할 기본 한자

18일 차

※ 아래 한자의 훈·음을 읽고 획순을 따라 연필로 바르게 써 보세요.

6급 10획

席 席 席 席 席 席 席 席 席 席

자리 **석** | 뜻 | 사람이나 물체가 차지하고 있는 공간이나 장소.

훈·음 연상 자동 암기
자리에는 좌석이 있다.

 方席(방석) 밑이 배기거나 바닥이 찰 때 깔고 앉는 물건.
出席(출석) 수업이나 모임에 나가 참석함.

6급 15획

線 線 線 線 線 線 線 線 線 線 線 線 線 線 線

줄 **선** | 뜻 | 무엇을 묶거나 동이는 데 쓸 목적으로 만든 긴 물건.

훈·음 연상 자동 암기
줄 따라 선을 긋다.

 車線(차선) 자동차 도로에 차 한 대가 다닐 만한 너비로 그어 놓은 선.
直線(직선) 곧은 선.

6급 11획

雪 雪 雪 雪 雪 雪 雪 雪 雪 雪 雪

눈 **설** | 뜻 | 대기 중의 수증기가 얼어서 땅 위로 떨어지는 흰색 결정체.

훈·음 연상 자동 암기
눈이 내리는 설경이 아름답다.

 雪景(설경) 눈이 내리거나 쌓인 경치.
雪風(설풍) 눈과 함께 불어오는 차가운 바람.

6급 7획

成 成 成 成 成 成 成

이룰 **성** | 뜻 | 성취하거나 힘들여 얻다.

훈·음 연상 자동 암기
이룰 수가 있어서 결국 성공했다.

 成功(성공) 목적하는 바를 이루다.
成果(성과) 일이 이루어진 결과.

사다리 선 따라 낱말 확인하고 덧쓰기 6

아래 훈·음을 읽고 선을 바르게 따라 내려가 한자를 덧쓰세요.

〔本~社〕

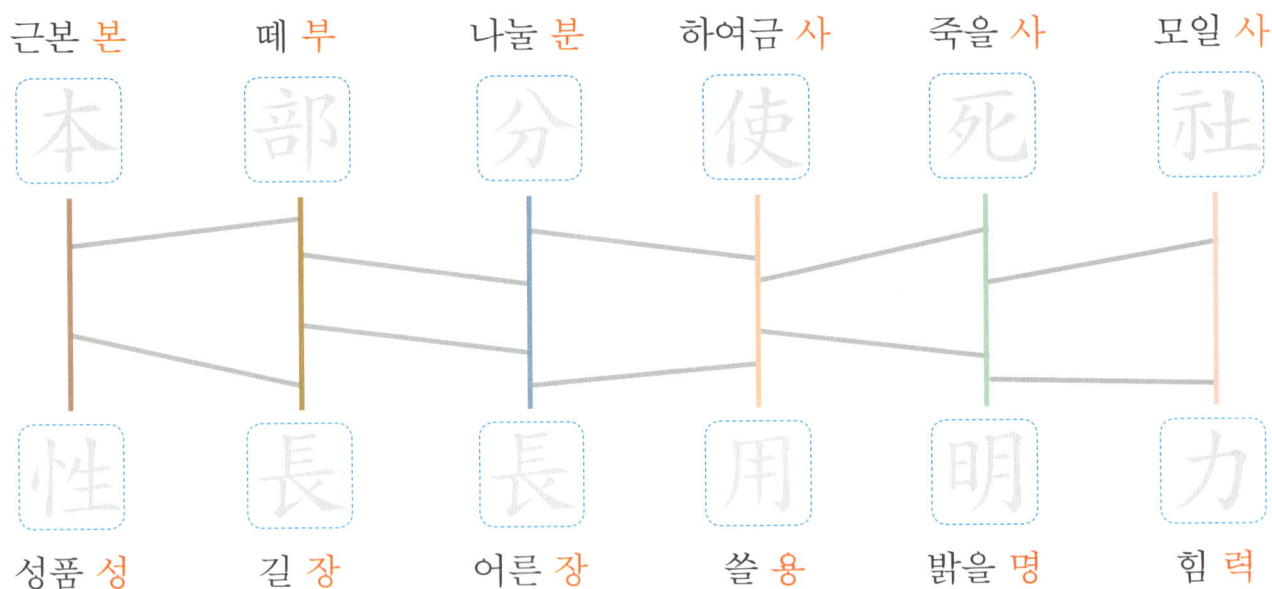

〔書~成〕

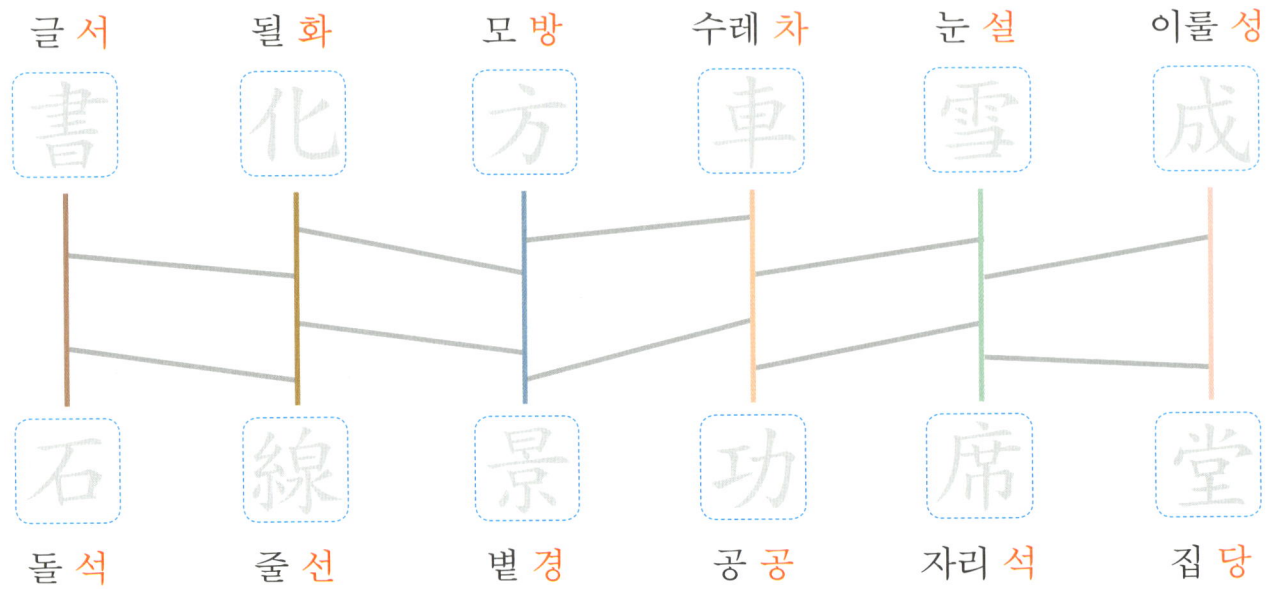

3학년 한자 문장 읽고 쓰기 6

아래 글을 읽고 한자의 음을 연필로 바르게 써 보세요.

예쁜 꽃 이야기

눈이 오는 겨울 雪⬜산에는 생死⬜를 견뎌낸 식물들이 많이 자라는데, 뿌리가 생명의 근本⬜이지요.

봄이 되면 잘 버텨내며 成⬜장한 꽃들이 만발합니다. 일部⬜ 사람은 휴대폰을 使⬜용하여 사진도 찍고, 예쁜 꽃도 보며 기分⬜ 좋음을 느낍니다.

지난 주 아빠를 따라 회社⬜ 독書⬜ 모임에 참席⬜했는데, 실내 장식용 직線⬜으로 된 암石⬜ 위에 피어있는 조그만 꽃들이 너무 예뻤습니다.

초등학생 3학년이 알아야 할 기본 한자

19일 차

※ 아래 한자의 훈·음을 읽고 획순을 따라 연필로 바르게 써 보세요.

훈·음 연상 자동 암기
살필수록 정성이고, 덜면 생략이다.

6급 9획

省省省省省省省省省

살필 **성**/덜 **생** | 뜻 | 주의하여 잘 둘러보다. 더 적은 상태로 되게 하다.

활용한자
省墓(성묘) 조상의 산소를 찾아 인사를 하고 산소를 돌봄.
省略(생략) 간단하게 줄이거나 빼다.

훈·음 연상 자동 암기
사라질 것은 소멸시킨다.

6급 10획

消消消消消消消消消消

사라질 **소** | 뜻 | 시야에서 벗어나 안 보이게 되다.

활용한자
消失(소실) 관리나 보관을 잘하지 못하여 무엇을 잃어버림.
消費(소비) 시간이나 돈을 들임.

훈·음 연상 자동 암기
빠를수록 속도를 가하다.

6급 11획

速速速速速速速速速速速

빠를 **속** | 뜻 | 이루어지는 데 걸리는 시간이 짧다.

활용한자
速讀(속독) 책이나 글을 빨리 읽음.
速成(속성) 어떤 일을 빨리 이룸. 또는 빨리 깨우침.

훈·음 연상 자동 암기
우리 손자는 장손이다.

6급 10획

孫孫孫孫孫孫孫孫孫孫

손자 **손** | 뜻 | 자녀의 아들.

활용한자
孫子(손자) 자녀의 아들.
長孫(장손) 한집안에서 맏이인 손자.

초등학생 3학년이 알아야 할 기본 한자

20일 차

※ 아래 한자의 훈·음을 읽고 획순을 따라 연필로 바르게 써 보세요.

훈·음 연상 자동 암기
나무가 우거진 숲은 수림이다.

6급 16획

나무 **수** | 뜻 | 줄기나 가지가 단단한 목질로 된 여러해살이 식물.

활용한자
樹木(수목) 살아 있는 나무.
樹液(수액) 나무껍질 등에서 분비되는 액체.

훈·음 연상 자동 암기
여러 재주 중에서 미술이 제일 좋다.

6급 11획

재주 **술** | 뜻 | 총명한 기운이 넘쳐 무엇을 잘하는 타고난 소질이나 재능.

활용한자
美術(미술) 아름다움을 시각적, 조형적으로 표현하는 예술.
學術(학술) 학문에 관계되는 기술이나 방법, 또는 그 이론.

훈·음 연상 자동 암기
몸으로 익힐 수 있어 빠르게 습득하다.

6급 11획

익힐 **습** | 뜻 | 서투르지 않을 정도로 여러 번 해 보아 솜씨가 있게 하다.

활용한자
習得(습득) 학문이나 기술 등을 배워서 몸에 익힘.
習性(습성) 오랫동안 되풀이하여 몸에 익어버린 개인적인 행동.

훈·음 연상 자동 암기
이길 수 있다고 생각했더니 결국 승리하다.

6급 12획

이길 **승** | 뜻 | 싸움, 시합, 경기에서 우열이나 승부를 겨뤄 앞서거나 꺾다.

활용한자
勝算(승산) 이길 수 있는 가능성.
勝利(승리) 겨루거나 싸워서 이김.

초등학생 3학년이 알아야 할 기본 한자

21일 차

※ 아래 한자의 훈·음을 읽고 획순을 따라 연필로 바르게 써 보세요.

훈·음 연상 자동 암기
지금부터 비로소 시작하다.

6급 8획

ㄥ ㄠ 女 妡 妡 始 始 始

| 비로소 시 | 뜻 | 일, 현상이 어떤 계기로 말미암아 오랜 기다림 끝에 이루어짐. |

활용한자
始初(시초) 어떤 일의 맨 처음.
始作(시작) 어떤 일이나 행위를 처음으로 함.

훈·음 연상 자동 암기
제사는 법식에 따라 지낸다.

6급 6획

一 二 丁 式 式 式

| 법 식 | 뜻 | 생활상의 예법과 제도의 표준. |

활용한자
式場(식장) 식을 거행하는 장소.
方式(방식) 일정한 형식이나 방법.

훈·음 연상 자동 암기
몸을 신체라고 한다.

6급 7획

身 亻 竹 斤 自 身 身

| 몸 신 | 뜻 | 뼈와 살로 이루어진 사람이나 동물의 물리적 실체. |

활용한자
身體(신체) 사람의 몸.
身分(신분) 개인의 사회적 지위나 자격.

훈·음 연상 자동 암기
귀신이 신령이다.

6급 10획

神 神 示 示 示 示 示 神 神 神

| 귀신 신 | 뜻 | 죽은 사람의 넋. |

활용한자
神主(신주) 사당 등에 모셔 두는 죽은 사람의 위패.
神學(신학) 어떤 종교의 신, 교리 등을 연구하는 학문.

사다리 선 따라 낱말 확인하고 덧쓰기 7

아래 훈·음을 읽고 선을 바르게 따라 내려가 한자를 덧쓰세요.

〔省~術〕

살필/덜 생	사라질 소	빠를 속	손자 손	나무 수	아름다울 미
省	消	速	孫	樹	美
術	讀	子	略	木	失
재주 술	읽을 독	아들 자	간략할 략	나무 목	잃을 실

〔習~神〕

익힐 습	이길 승	비로소 시	모 방	몸 신	귀신 신
習	勝	始	方	身	神
主	體	利	性	作	式
주인 주	몸 체	이할 리	성품 성	지을 작	법 식

3학년 한자 문장 읽고 쓰기 7

아래 글을 읽고 한자의 음을 연필로 바르게 써 보세요.

전통 계승을 위한 다짐

樹☐목이 우거진 명勝☐지에는 아이들이 消☐풍을 많이 오는데, 그곳에는 할아버지의 저택이 있습니다.

할아버지는 전통을 계승하기 위해 전통 기術☐을 孫☐자인 저에게 알려 주셨습니다. 저는 처음 始☐작부터 정神☐을 집중하고 고速☐으로 연習☐하였고, 모든 형式☐을 갖추어 자身☐ 있게 완성했습니다.

앞으로도 혹시 잘못된 것이 있으면 반省☐하며 열심히 전통을 계승할 생각입니다.

초등학생 3학년이 알아야 할 기본 한자

22일 차

※ 아래 한자의 훈·음을 읽고 획순을 따라 연필로 바르게 써 보세요.

훈·음 연상 자동 암기
믿을 수 있는 신념이 중요하다.

6급 9획

信 信 信 信 信 信 信

믿을 신 | 뜻 | 의심하지 않고 그렇게 여기다.

활용한자
信用(신용) 어떤 말이나 행동을 믿을 만한 것으로 받아들임.
信念(신념) 어떤 사상이나 생각을 굳게 믿으며 실현하려는 의지.

훈·음 연상 자동 암기
새로 나온 신형을 좋아한다.

6급 13획

新 新 新 新 新 新 新 新 新 新 新 新 新

새 신 | 뜻 | 지금까지 있었던 적이 없다.

활용한자
新式(신식) 새로운 방식이나 형식.
新人(신인) 어떤 분야에 새로 등장한 사람.

훈·음 연상 자동 암기
소중한 것을 잃을 것 같아 실망스럽다.

6급 5획

失 失 失 失 失

잃을 실 | 뜻 | 자기가 알지 못하는 사이에 놓쳐서 가지지 않게 되다.

활용한자
失手(실수) 부주의로 잘못을 저지름. 또는 그 잘못.
失明(실명) 시력을 잃어 장님이 됨.

훈·음 연상 자동 암기
사랑하는 사람을 애인이라 한다.

6급 13획

愛 愛 愛 愛 愛 愛 愛 愛 愛 愛 愛 愛 愛

사랑 애 | 뜻 | 사랑, 자애, 인정.

활용한자
愛情(애정) 사랑하는 정이나 마음.
愛人(애인) 서로 사랑하는 관계에 있는 사람.

초등학생 3학년이 알아야 할 기본 한자

23일 차

※ 아래 한자의 훈·음을 읽고 획순을 따라 연필로 바르게 써 보세요.

6급 8획

夜夜夜夜夜夜夜夜

밤 **야** | 뜻 | 해가 진 뒤 어두워져 달이 지는 동안.

夜景(야경) 밤에 보이는 경치.
夜間(야간) 해가 진 뒤부터 먼동이 트기 전까지의 동안.

훈·음 연상 자동 암기
밤에 나가 야경을 보다.

6급 11획

野野野野野野野野野野野

들 **야** | 뜻 | 평평하고 넓게 트인 땅.

野山(야산) 들 부근에 있는 나지막한 산
野外(야외) 시가지에서 좀 떨어져 있는 들.

훈·음 연상 자동 암기
저 넓은 들로 나가 야구하자!

6급 10획

弱弱弱弱弱弱弱弱弱弱

약할 **약** | 뜻 | 세지 않고 적거나 덜하다. 굳지 못하고 여리다.

弱者(약자) 힘이나 세력이 약한 사람이나 생물.
弱化(약화) 힘이나 세력이 더 작고 약하게 됨.

훈·음 연상 자동 암기
약할 때는 약자가 불리하다.

6급 19획

藥藥藥藥藥藥藥藥藥藥藥藥藥藥藥

약 **약** | 뜻 | 병이나 상처 치료를 위해 먹거나 바르거나 주사하는 물질.

藥局(약국) 약사가 의약품을 조제하거나 판매하는 곳.
藥水(약수) 마시거나 몸에 바르거나 하면 약효가 있는 샘물.

훈·음 연상 자동 암기
약은 약국에서 구입해야 한다.

초등학생 3학년이 알아야 할 기본 한자

24일 차

※ 아래 한자의 훈·음을 읽고 획순을 따라 연필로 바르게 써 보세요.

훈·음 연상 자동 암기
큰 바다 먼 곳에서 서양인을 만나다.

6급 9획

洋洋洋洋洋洋洋洋洋

| 큰바다 양 | 뜻 | 육지를 제외한 부분으로, 움푹한 땅에 짠물이 차고 넓은 부분. |

활용한자
遠洋(원양) 육지에서 멀리 떨어진 큰 바다.
洋食(양식) 서양 음식. 또는 서양식으로 만들어진 음식.

훈·음 연상 자동 암기
볕이 잘 드는 양지가 좋다.

6급 12획

陽陽陽陽陽陽陽陽陽陽陽陽

| 볕 양 | 뜻 | 해가 내리쬐는 뜨거운 기운. |

활용한자
陽氣(양기) 햇볕의 따뜻한 기운.
陽地(양지) 따뜻한 볕이 바로 드는 곳.

훈·음 연상 자동 암기
선생님은 말씀을 잘하고 언변도 좋으시다.

6급 7획

言言言言言言言

| 말씀 언 | 뜻 | 상대방의 말을 높여 이르는 말. |

활용한자
言行(언행) 입으로 말하는 것과 몸으로 행하는 것.
言語(언어) 사상이나 감정을 표현하고, 의사를 소통하기 위한 소리나 문자.

6급 13획

業業業業業業業業業業業業業

業

| 업 업 | 뜻 | 먹고살기 위해 하는 일. |

훈·음 연상 자동 암기
업자가 업장을 운영 중이다.

활용한자
業者(업자) 사업을 직접 경영하는 사람.
農業(농업) 토지에 동식물을 길러 생산물을 얻어내는 산업.

사다리 선 따라 낱말 확인하고 덧쓰기 8

아래 훈·음을 읽고 선을 바르게 따라 내려가 한자를 덧쓰세요.

[信~野]

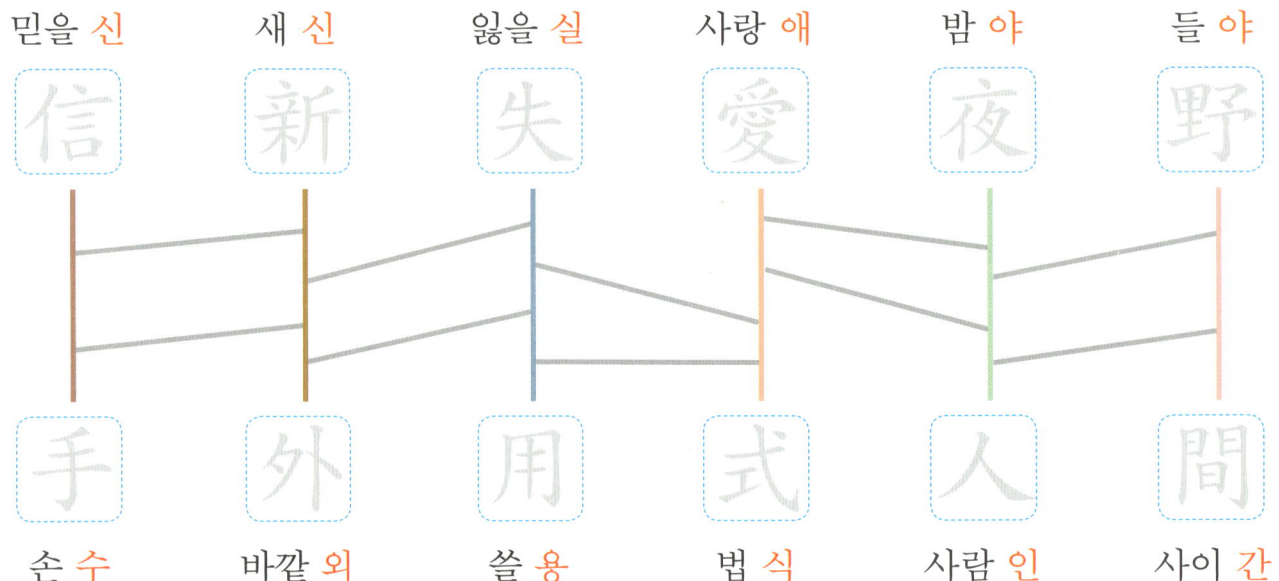

[弱~業]

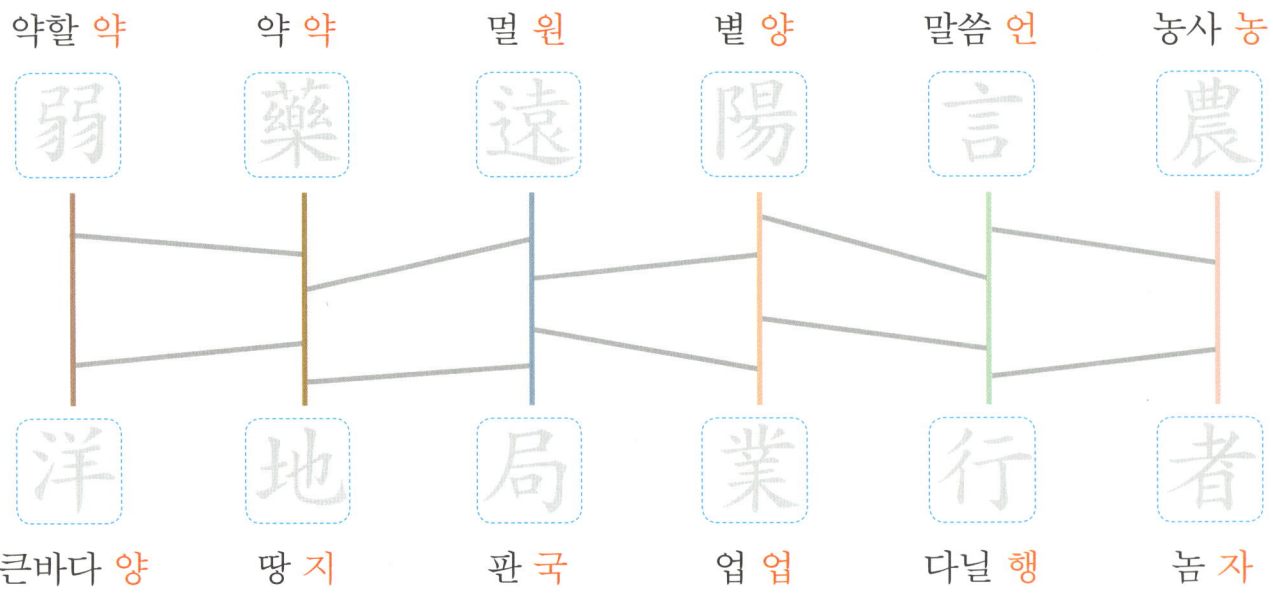

3학년 한자 문장 읽고 쓰기 8

아래 글을 읽고 한자의 음을 연필로 바르게 써 보세요.

아버지를 응원하는 마음

아버지께서는 고향에서 정겨운 방言☐을 쓰시며 농業☐분야에서 일을 하고 계십니다. 모든 일에 愛☐정을 갖고, 夜☐간에도 新☐품종을 연구하며, 농업 弱☐자인 농민들이 失☐망하지 않고 모두 자信☐감을 갖도록 응원하십니다.

저는 그런 아버지를 도와 집 앞마당에 농藥☐이 필요없는 野☐생 꽃을 陽☐지 바른 곳에 심고, 가끔 洋☐철통에 물을 담아 정성껏 물을 뿌려 줍니다.

147

초등학생 3학년이 알아야 할 기본 한자

25일 차

※ 아래 한자의 훈·음을 읽고 획순을 따라 연필로 바르게 써 보세요.

6급 5획 永 永 永 永 永

永
길 **영** | 뜻 | 이어져 있는 두 끝 사이가 보통보다 멀다.

훈·음 연상 자동 암기
길이길이 영원히 행복하길 바란다.

활용한자
永遠(영원) 어떤 상태가 끝없이 이어짐.
永生(영생) 영원히 삶. 또는 영원한 생명.

6급 9획 英 英 英 英 英 苎 苹 英 英

英
꽃부리 **영** | 뜻 | 꽃 한 송이에 있는 꽃잎 전부를 이르는 말.

훈·음 연상 자동 암기
꽃부리를 영웅이 들다.

활용한자
英才(영재) 탁월한 재주. 또는 그런 재주를 가진 사람.
英物(영물) 재능이 뛰어나고 걸출한 사람.

6급 13획 溫 溫 溫 溫 溫 溫 溫 溫 溫 溫 溫 溫 溫

溫
따뜻할 **온** | 뜻 | 쾌적한 느낌이 들 만큼 온도가 알맞게 높다.

훈·음 연상 자동 암기
한겨울 따뜻할 만한 곳은 온천이다.

활용한자
溫水(온수) 따뜻한 물.
溫泉(온천) 땅속 위 평균 기온보다 높은 온도의 물이 자연히 솟는 샘.

6급 5획 用 用 用 用 用

用
쓸 **용** | 뜻 | 어떤 목적이나 기능에 맞게 필요한 곳에 쓰다.

훈·음 연상 자동 암기
쓸 용도를 찾다.

활용한자
用品(용품) 일정한 용도로 사용하는 물품.
用語(용어) 전문 분야에서 일정한 개념을 나타내고자 하는 말.

초등학생 3학년이 알아야 할 기본 한자

26일 차

※ 아래 한자의 훈·음을 읽고 획순을 따라 연필로 바르게 써 보세요.

훈·음 연상 자동 암기
날랠 수 있는 용기를 갖자!

6급 9획

勇勇勇勇勇勇勇勇勇

| 勇 | 勇 | 勇 | | | |

날랠 **용** | 뜻 | 움직임이 나는 듯이 빠르고 용감하다.

활용한자
勇士(용사) 용감한 병사.
勇猛(용맹) 씩씩하고 날래며 사나움.

훈·음 연상 자동 암기
운전하며 짐도 옮길 수 있는 사람은 운전사이다.

6급 13획

運運運運軍軍軍軍運運運運

| 運 | 運 | 運 | | | |

옮길 **운** | 뜻 | 기계나 자동차, 수레 등을 움직임. 다른 곳으로 가져다 놓다.

활용한자
運用(운용) 돈이나 물건, 제도 등을 쓰임새에 따라 부리어 씀.
運河(운하) 육지를 파서 인공적으로 강을 내고 배가 다닐 수 있게 한 수로.

훈·음 연상 자동 암기
멀면 원거리이다.

6급 14획

遠遠遠遠遠遠遠遠遠遠遠遠遠遠

| 遠 | 遠 | 遠 | | | |

멀 **원** | 뜻 | 거리가 많이 떨어져 있다.

활용한자
遠近(원근) 먼 곳과 가까운 곳. 멀고 가까움.
遠視(원시) 먼 데 있는 것은 잘 보이나 가까이 있는 것은 잘 보이지 않는 것.

훈·음 연상 자동 암기
동산에는 원두막이 있다.

6급 13획

園園園園園園園園園園園園園

| 園 | 園 | 園 | | | |

동산 **원** | 뜻 | 마을 부근이나 집 근처에 있는 낮은 언덕이나 작은 산.

활용한자
花園(화원) 큰 집에 여러 가지 화초와 꽃나무를 보기 좋게 심어 놓은 곳.
植物園(식물원) 식물 관람을 위해 많은 종류의 식물을 모아 기르는 곳.

초등학생 3학년이 알아야 할 기본 한자

27일 차

※ 아래 한자의 훈·음을 읽고 획순을 따라 연필로 바르게 써 보세요.

훈·음 연상 자동 암기
말미암을 것에 유래를 찾다.

6급 5획

由 口 由 由 由

由 말미암을 유 | 뜻 | '~로 말미암아'의 구성으로 쓰임. 원인이나 근거가 되다.

활용한자
由來(유래) 사물이 어떤 것으로 말미암아 일어나거나 전하여 온 내력.
自由(자유) 구속을 받거나 얽매이지 않고 자기 뜻에 따라 행동하는 것.

훈·음 연상 자동 암기
은으로 만든 돈이 은화이다.

6급 14획

銀 銀 銀 銀 銀 銀 銀 銀 銀 銀 銀 銀 銀 銀

銀 은 은 | 뜻 | 금속 원소의 하나.

활용한자
銀賞(은상) 상의 등급 중 이등에 해당하는 상.
銀行(은행) 예금, 대출 등의 업무가 이루어지는 금융 기관.

훈·음 연상 자동 암기
소리를 음성으로 말하다.

6급 9획

音 音 音 音 音 音 音 音 音

音 소리 음 | 뜻 | 물체의 진동에 의하여 귀에 전달되는 공기의 파동.

활용한자
音樂(음악) 박자, 음성, 등 악기를 통하여 감정을 나타내는 예술.
發音(발음) 강세나 억양, 성조 등을 소리로 내는 일.

훈·음 연상 자동 암기
바로 마실 수 있는 음료수가 있다.

6급 13획

飮 飮 飮 飮 飮 飮 飮 飮 飮 飮 飮 飮 飮

飮 마실 음 | 뜻 | 물이나 음료를 목구멍으로 넘기다.

활용한자
飮食(음식) 사람이 먹고 마실 수 있도록 만든 모든 것.
飮料(음료) 물, 차, 술 등의 사람이 마시는 액체.

150

사다리 선 따라 낱말 확인하고 덧쓰기 9

아래 훈·음을 읽고 선을 바르게 따라 내려가 한자를 덧쓰세요.

〔永~運〕

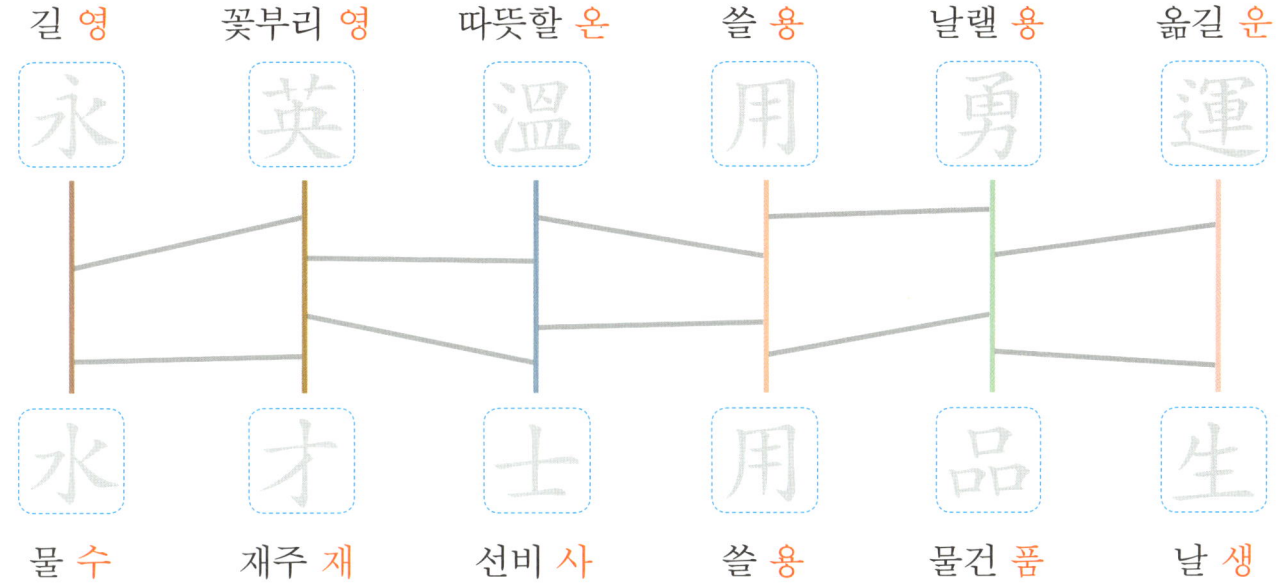

〔遠~飮〕

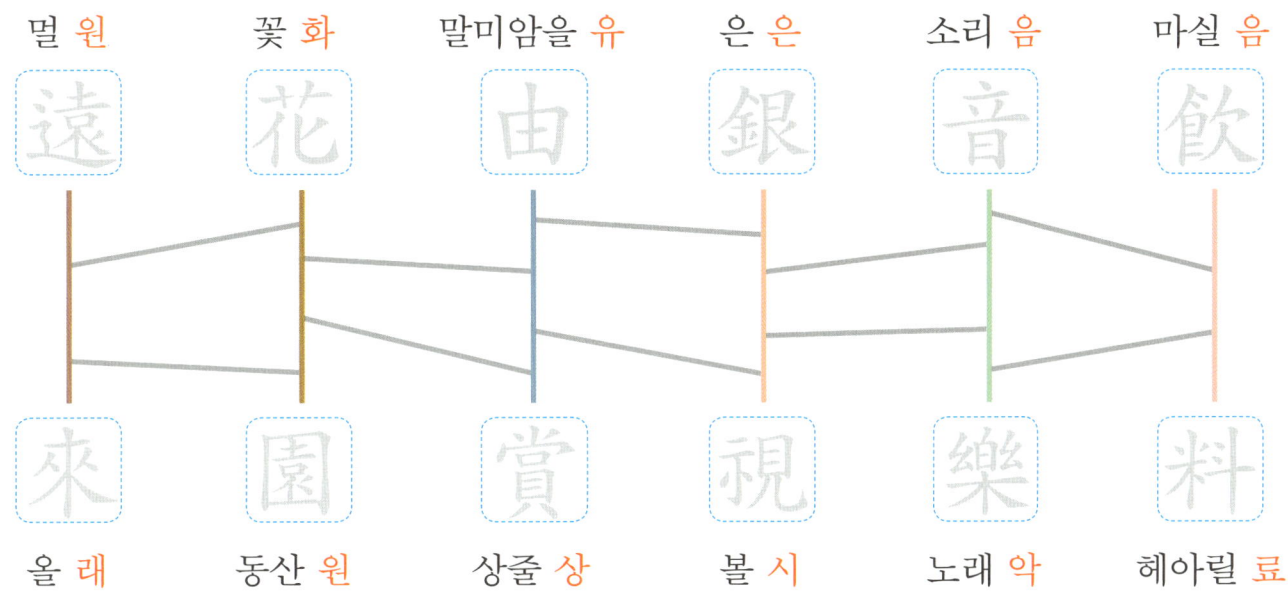

3학년 한자 문장 읽고 쓰기 9

아래 글을 읽고 한자의 음을 연필로 바르게 써 보세요.

음악으로 가득한 꿈의 동산

저에게 숲속 공園[ ]은 아이들의 音[ ]악 소리가 흘러나오는 永遠[ ][ ]한 꿈의 동산이에요.

리듬에 맞춰 음악 英[ ]재가 자유롭게 노래 부르는 모습을 보니, 나도 조금 勇[ ]기가 생겨 運[ ]동 삼아 어깨춤을 추었어요.

즐겁게 춤을 추고 나서 銀[ ]행에 가서 돈을 찾았어요. 이由[ ]는 춤을 춰서 몸에 체溫[ ]이 오르고 땀이 나서 시원한 飮[ ]료수를 사는 데 사用[ ]하려고 돈을 찾았습니다.

초등학생 3학년이 알아야 할 기본 한자

28일 차

※ 아래 한자의 훈·음을 읽고 획순을 따라 연필로 바르게 써 보세요.

훈·음 연상 자동 암기

옷은 자신을 나타내는 의복이다.

6급 6획

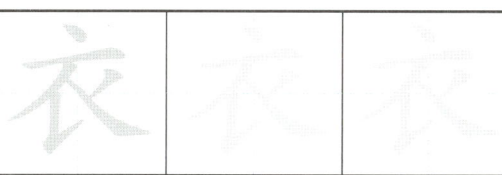

衣	衣	衣	衣	衣

옷 **의** | 뜻 | 몸을 싸서 가리기 위하여 몸에 맞게 만들어 입는 것.

 内衣(내의) 보온을 위해 겉옷 속에 받쳐 입는 옷.
衣類(의류) 옷에 속한 것들을 통틀어 이르는 말.

훈·음 연상 자동 암기

의원에는 의사가 있다.

6급 18획

醫	醫	醫	醫	醫

의원 **의** | 뜻 | 진료 시설을 갖추고 의사가 의료 행위를 하는 곳.

 醫師(의사) 면허를 얻어 의술과 약으로 병을 진찰하고 치료하는 사람.
醫學(의학) 사람 몸이나 질병에 대하여 연구하는 학문.

훈·음 연상 자동 암기

뜻이 있어야 의미도 있다.

6급 13획

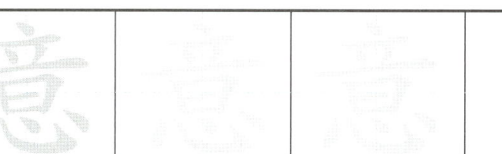

意	意	意	意	意

뜻 **의** | 뜻 | 말이나 글 또는 어떠한 행동으로 나타내는 내용.

 意圖(의도) 무엇을 이루려고 꾀함.
意味(의미) 어떤 말이나 글이 나타내고 있는 내용.

훈·음 연상 자동 암기

놈을 이해하는 자가 있다.

6급 9획

者	者	者	者	者

놈 **자** | 뜻 | 사람을 가리키거나 남자를 낮추거나 못마땅히 여기는 말.

 記者(기자) 신문, 잡지, 방송 등의 기사를 취재하여 쓰거나 편집하는 사람.
患者(환자) 병을 앓거나 몸을 다친 사람.

초등학생 3학년이 알아야 할 기본 한자

29일 차

※ 아래 한자의 훈·음을 읽고 획순을 따라 연필로 바르게 써 보세요.

훈·음 연상 자동 암기
지을 수 있을 때 많은 작품을 만들어 내다.

6급 7획

作作作作作作作

| 作 | | | | | |

지을 **작** | 뜻 | 쓰거나 만들다. 나타내 보이다.

활용한자
- 作品(작품) 예술 창작의 결과물. 만든 물건.
- 作曲(작곡) 일정한 음을 조합하여 음악 작품을 창조하는 행위.

훈·음 연상 자동 암기
어제가 벌써 작년이 됐다.

6급 9획

昨昨昨昨昨昨昨昨昨

| 昨 | | | | | |

어제 **작** | 뜻 | 오늘의 바로 전날. 지나간 때.

활용한자
- 昨年(작년) 올해 바로 앞의 해.
- 昨月(작월) 이달의 바로 앞의 달.

훈·음 연상 자동 암기
쓰고 남을 잔돈이 많다.

4급 12획

殘殘殘殘殘殘殘殘殘殘殘殘

| 殘 | | | | | |

남을 **잔** | 뜻 | 다 없애거나 처리하지 않고 나머지가 있게 하다.

활용한자
- 殘高(잔고) 나머지 액수.
- 殘額(잔액) 쓰고 남은 돈의 액수.

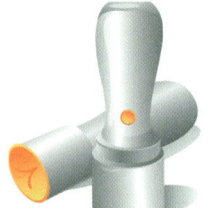

훈·음 연상 자동 암기
글을 많이 읽고 자주 쓰면 문장력이 좋아진다.

6급 11획

章章章章章章章章章章章

| 章 | | | | | |

글 **장** | 뜻 | 어떤 일이나 생각을 문자로 나타낸 기록.

활용한자
- 文章(문장) 어, 구, 절과 함께 문법을 나타내는 언어 단위의 하나.
- 圖章(도장) 이름이나 글자를 나무, 뿔 등에 새겨 증명을 나타내는 물건.

초등학생 3학년이 알아야 할 기본 한자

30일 차

※ 아래 한자의 훈·음을 읽고 획순을 따라 연필로 바르게 써 보세요.

훈·음 연상 자동 암기
재주 있는 사람이 재능도 있다.

6급 3획

才才才

才 재주 **재** | 뜻 | 총명한 기운이 넘쳐 무엇을 잘하는 타고난 소질이나 재능.

 才能(재능) 재주와 능력을 아울러 이르는 말.
人才(인재) 재주와 능력이 뛰어난 사람.

훈·음 연상 자동 암기
학교가 있을 경우 재입학 하려고 한다.

6급 6획

一ナオキ在在

在 있을 **재** | 뜻 | 자리나 공간을 차지한 상태. 실재로서 존재하는 상태.

 在學(재학) 학교에 적을 둠.
在物(재물) 일정 공간을 실제로 점유하고 있는 물건.

훈·음 연상 자동 암기
싸움은 특히 전투적이다.

6급 16획

戰戰戰戰戰戰單單單單單戰戰戰

戰 싸움 **전** | 뜻 | 말이나 힘으로 이기려고 상대방과 다툼.

 戰爭(전쟁) 나라나 단체들 사이에서 무력을 써서 행하는 싸움.
休戰(휴전) 전쟁 중 얼마 동안 싸움을 멈춤.

훈·음 연상 자동 암기
상품을 정할 때 가격도 정하다.

6급 8획

定定定定定定定定

定 정할 **정** | 뜻 | 여럿 가운데 골라서 취하거나 결정하다.

 定價(정가) 가격을 정함.
作定(작정) 일을 어떻게 하기로 마음속으로 단단히 결정함.

사다리 선 따라 낱말 확인하고 덧쓰기 2

아래 훈·음을 읽고 선을 바르게 따라 내려가 한자를 덧쓰세요.

〔衣~昨〕

옷 의	의원 의	뜻 의	기록할 기	지을 작	어제 작
衣	醫	意	記	作	昨
者	圖	年	品	服	師
놈 자	그림 도	해 년	물건 품	옷 복	스승 사

〔殘~定〕

남을 잔	글월 문	재주 재	있을 재	싸움 전	정할 정
殘	文	才	在	戰	定
能	額	章	價	學	爭
능할 능	이마 액	글 장	값 가	배울 학	다툴 쟁

3학년 한자 문장 읽고 쓰기 10

아래 글을 읽고 한자의 음을 연필로 바르게 써 보세요.

축구선수의 꿈

어려서부터 殘[ ] 돈을 모아 축구공과 축구화를 살 정도로 축구를 좋아했고, 동네에서 축구 천才[ ]라는 소리를 듣기도 했습니다.

우리팀 선수들과 醫[ ]원에서 건강 검진을 받고 돌아와 안定[ ]된 다음 경기를 위해 현在[ ] 운동장에서 상衣[ ]까지 벗고 열심히 作戰[ ][ ]을 짜고 있습니다.

감독님과 선수들이 합意[ ]해서 제가 팀의 주장이 되었습니다. 드디어 팔에 완章[ ]을 차게 돼서 기쁜 마음입니다.

昨[ ]년에는 우승을 해서 기者[ ]와 인터뷰도 했는데 즐거운 경험이 있습니다.

초등학생 3학년이 알아야 할 기본 한자

31일 차

※ 아래 한자의 훈·음을 읽고 획순을 따라 연필로 바르게 써 보세요.

훈·음 연상 자동 암기
뜰에 큰 정원을 만들다.

6급 10획 　庭庭庭庭庭庭庭庭庭庭

庭
뜰 정 ｜ 뜻 ｜ 집 안에 있는 평평한 빈터.

활용한자 　校庭(교정) 학교의 뜰이나 운동장.
　　　　　庭園(정원) 집안의 뜰이나 꽃밭.

훈·음 연상 자동 암기
차례대로 줄 서는 것이 제일 빠르다.

6급 11획 　第第第第第第第第第第第

第
차례 제 ｜ 뜻 ｜ 여럿을 선후 관계로 하나씩 벌인 순서.

활용한자 　第一(제일) 여럿 가운데 으뜸으로.
　　　　　第三者(제삼자) 사건이나 사물에 대하여 직접 관여하지 않는 사람.

훈·음 연상 자동 암기
제목과 주제를 정하기 어렵다.

6급 18획 　題題題題題題題題題題題題題題題題題題

題
제목 제 ｜ 뜻 ｜ 작품, 강연 등에서 그 내용을 대표하기 위하여 붙이는 이름.

활용한자 　主題(주제) 창의적인 예술 작품에 나타나는 중심 사상.
　　　　　出題(출제) 시험을 보도록 문제를 냄.

훈·음 연상 자동 암기
아침에 항상 조식을 먹는다.

6급 12획 　朝朝朝朝朝朝朝朝朝朝朝朝

朝
아침 조 ｜ 뜻 ｜ 날이 샐 무렵부터 오전 중간쯤까지의 동안.

활용한자 　朝食(조식) 아침 끼니로 먹는 밥.
　　　　　朝刊(조간) 아침에 펴내는 신문.

초등학생 3학년이 알아야 할 기본 한자

32일 차

※ 아래 한자의 훈·음을 읽고 획순을 따라 연필로 바르게 써 보세요.

훈·음 연상 자동 암기
우리 겨레는 훌륭한 민족이다.

6급 11획

族族族族族族族族族族族

겨레 **족** | 뜻 | 혈통상으로 가까운 민족.

활용한자 民族(민족) 오랜 공동생활로 언어와 문화 공통성이 형성된 집단.
親族(친족) 촌수가 가까운 일가.

훈·음 연상 자동 암기
자동차에 부을 주유가 있다.

6급 8획

注注注注注注注注

부을 **주** | 뜻 | 쏟아서 담다.

활용한자 注油(주유) 자동차 등에 기름을 넣음.
注視(주시) 어떤 일에 정신을 모아 자세히 살핌.

훈·음 연상 자동 암기
낮 동안을 주간이라고 한다.

6급 11획

晝晝晝晝晝晝晝晝晝晝晝

낮 **주** | 뜻 | 해가 뜰 때부터 질 때까지의 동안.

활용한자 白晝(백주) 환하게 밝은 낮.
晝夜(주야) 낮과 밤을 아울러 이르는 말.

훈·음 연상 자동 암기
모을 수 있다면 최대한 집결하자!

6급 12획

集集集集集集集集集集集集

모을 **집** | 뜻 | 한곳에 합치다.

활용한자 集合(집합) 여럿이 한곳에 모여 일정한 무리를 이룸.
集結(집결) 사람의 무리나 세력이 한곳으로 모임.

초등학생 3학년이 알아야 할 기본 한자

33일 차

※ 아래 한자의 훈·음을 읽고 획순을 따라 연필로 바르게 써 보세요.

6급 11획

窓窓窓窓窓窓窓窓窓窓窓

窓

창 **창**

뜻 | 바람, 햇빛이 들고 밖을 볼 수 있게 건물의 벽에 낸 작은 문.

활용한자 車窓(차창) 차에 달린 창문.
　　　　窓門(창문) 공기나 빛 등이 통하도록 벽이나 지붕에 만들어 놓은 문.

훈·음 연상 자동 암기
창이 창문이다.

6급 11획

淸淸淸淸淸淸淸淸淸淸淸

淸

맑을 **청**

뜻 | 티가 섞이거나 흐리지 않고 깨끗하다.

활용한자 淸水(청수) 맑고 깨끗한 물.
　　　　淸掃(청소) 더럽거나 어지러운 것을 치워 깨끗하게 함.

훈·음 연상 자동 암기
소리와 색깔이 맑을수록 청량하다.

6급 23획

體體體體體體體體體體體體體體體體體體體體體體體

體

몸 **체**

뜻 | 뼈와 살로 이루어진 사람이나 동물의 물리적 실체.

활용한자 體力(체력) 사람의 몸이 육체적인 활동을 할 수 있는 힘.
　　　　體育(체육) 일정한 운동을 통해 신체를 튼튼하게 단련시키는 일.

훈·음 연상 자동 암기
몸을 잘 관리하면 체력도 좋아진다.

6급 16획

親親親親親親親親親親親親親親親親

親

친할 **친**

뜻 | 둘 이상의 사람이 가까이 사귀어 정이 두텁다.

활용한자 親分(친분) 사귀어서 매우 가깝고 친한 정분.
　　　　親知(친지) 서로 잘 알고 친근하게 지내는 사람.

훈·음 연상 자동 암기
친할수록 친구에게 더 잘해야 한다.

사다리 선 따라 낱말 확인하고 덧쓰기 11

아래 훈·음을 읽고 선을 바르게 따라 내려가 한자를 덧쓰세요.

〔庭~注〕

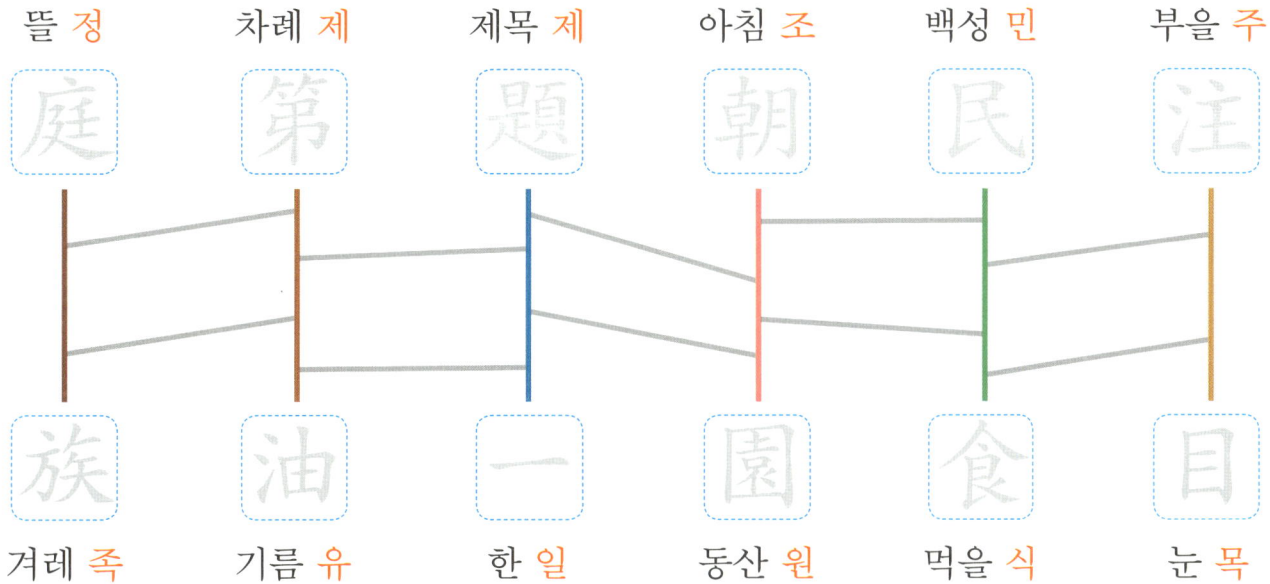

〔畫~親〕

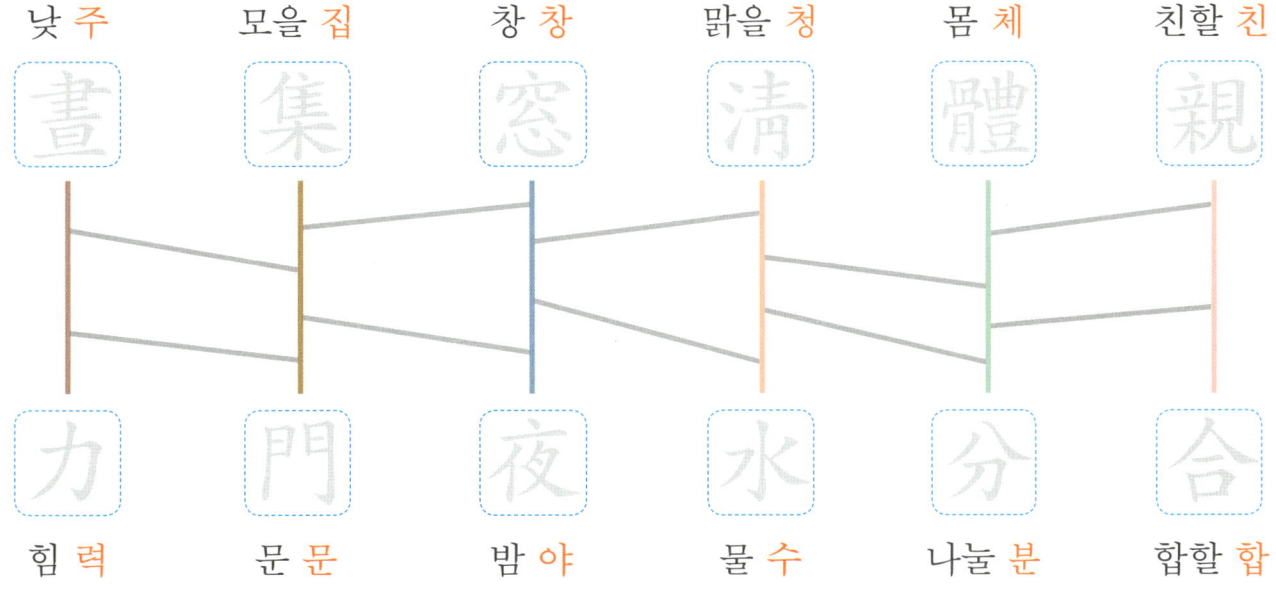

3학년 한자 문장 읽고 쓰기 11

아래 글을 읽고 한자의 음을 연필로 바르게 써 보세요.

내가 좋아하는 것들

지금 사는 시골집은 窓☐문을 통해 내가 직접 가꾸는 조그만 庭☐원을 바라볼 수 있고, 晝☐야로는 시원한 淸☐풍이 불어와 가族☐ 모두가 행복하게 살기 좋은 곳입니다. 내가 第☐일 잘 따르는 親☐한 언니는 우리 집에 자주 놀러와 아이들과 함께 왕朝☐에 대한 문題☐를 풀며 즐거운 시간을 보냅니다. 언니는 건강한 신體☐와 정신을 가지고 있어 모든 일에 注☐력하고 集☐중합니다. 그 모습이 참 멋있고 행복해 보입니다.

초등학생 3학년이 알아야 할 기본 한자

34일 차

※ 아래 한자의 훈·음을 읽고 획순을 따라 연필로 바르게 써 보세요.

훈·음 연상 자동 암기
앞으로 클 태자는 황제의 아들이다.

6급 4획 　太 大 大 太

太 클 태 | 뜻 | 다른 것과 비교하여 그 정도가 더한 상태.

활용한자 太古(태고) 아주 오랜 옛날.
太陽(태양) 태양계의 중심이며 지구를 포함한 8개의 행성을 거느림.

훈·음 연상 자동 암기
우리 통할 수 있게 통화하자!

6급 11획 　通通通甬甬甬涌涌涌通

通 통할 통 | 뜻 | 길이 어떤 곳으로 서로 이어지다.

활용한자 通話(통화) 전화로 말을 주고받음.
通信(통신) 우편, 전신, 전화 등으로 정보나 의사를 주고받음.

훈·음 연상 자동 암기
특별할수록 특징이 있다.

6급 10획 　特特特牛牛特特特特特

特 특별할 특 | 뜻 | 일반적인 것과 아주 다르다.

활용한자 特定(특정) 특별히 지정함.
特性(특성) 한 대상을 특징짓는 고유한 성질.

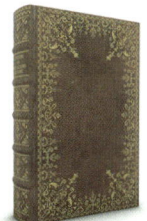

훈·음 연상 자동 암기
책의 겉장을 표지라고 한다.

6급 8획 　表表表表表表表表

表 겉 표 | 뜻 | 밖으로 드러난 모습이나 현상.

활용한자 表紙(표지) 책의 앞뒤 겉장.
表面(표면) 사물의 가장 바깥쪽 혹은 위쪽 부분.

163

초등학생 3학년이 알아야 할 기본 한자

35일 차

※ 아래 한자의 훈·음을 읽고 획순을 따라 연필로 바르게 써 보세요.

훈·음 연상 자동 암기
바람이 불면 풍차가 돌아간다.

6급 9획   　凡 凡 凡 凡 凨 凨 風 風 風

風
바람 풍 | 뜻 | 기압의 변화에서 비롯하는 공기의 흐름.

활용한자 風車(풍차) 바람의 힘을 기계적인 힘으로 바꾸는 장치.
　　　　 風船(풍선) 얇은 고무에 기체를 넣어 공중으로 올라가게 하는 물건.

훈·음 연상 자동 암기
합할 때 합동하자!

6급 6획   　合 合 合 合 合 合

合
합할 합 | 뜻 | 둘 이상의 것이 한데 모여 하나가 되다.

활용한자 合計(합계) 한데 합하여 계산함.
　　　　 合同(합동) 여럿이 모여 행동이나 일을 함께함.

훈·음 연상 자동 암기
다닐 때 행동하고, 우리집 항렬 중에 내가 항렬이 가장 높다.

6급 6획   　行 行 行 行 行 行

行
다닐 행/항렬 항 | 뜻 | 몸을 움직여 이동하다. 자기와 같은 시조에서 갈라져 나간 다른 계통.

활용한자 行進(행진) 줄을 지어 앞으로 나아감.
　　　　 同行(동행) 일정한 곳으로 길을 같이 가거나 옴.

훈·음 연상 자동 암기
나는 다행히 내 행복에 감사함을 느낀다.

6급 8획   　一 十 士 幸 幸 幸 幸 幸

幸
다행 행 | 뜻 | 걱정했던 일이 뜻밖에 잘 풀려 마음이 놓이고 흡족함.

활용한자 多幸(다행) 일이 뜻밖에 잘 풀려 마음이 놓이고 흡족함.
　　　　 幸福(행복) 생활에서 기쁨과 만족감을 느껴 흐뭇한 상태.

초등학생 3학년이 알아야 할 기본 한자

36일 차

※ 아래 한자의 훈·음을 읽고 획순을 따라 연필로 바르게 써 보세요.

훈·음 연상 자동 암기
내가 향할 방향을 안다.

6급 6획　　　　　　　　　向 向 向 向 向 向

向 | 향할 **향** | 뜻 | 사람이나 건물 등 어떤 장소나 방향을 정면이 되게 하다.

활용한자　向方(향방) 향하여 나아가는 곳.
　　　　　南向(남향) 남쪽을 향하고 있음.

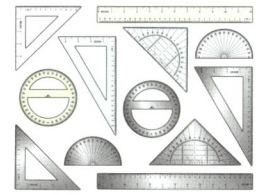

훈·음 연상 자동 암기
어떠한 것이 나타날 현상이다.

6급 11획　　　現 現 現 現 現 現 現 現 現 現 現

現 | 나타날 **현** | 뜻 | 시야에 들어오거나 어떤 장소에 오다.

활용한자　現地(현지) 사람이나 사물이 있는 곳.
　　　　　現場(현장) 어떤 일이나 사건이 실제로 일어나고 있거나 일어난 곳.

훈·음 연상 자동 암기
어떤 모양의 형태를 보다.

6급 7획　　　　　　　形 二 チ 开 形 形 形

形 | 모양 **형** | 뜻 | 겉으로 나타나는 생김새나 형상.

활용한자　形式(형식) 겉으로 나타나는 모양이나 격식.
　　　　　外形(외형) 사물의 겉으로 드러나는 모양이나 모습.

훈·음 연상 자동 암기
이름을 불러 호령하다.

6급 13획　　號 號 號 號 號 號 號 號 號 號 號 號

號 | 이름 **호** | 뜻 | 사람의 성 뒤에 붙여, 다른 사람과 구별하여 부르는 명칭.

활용한자　號角(호각) 불면 호로록 소리를 내는 자그마한 도구.
　　　　　年號(연호) 해의 차례를 나타내기 위하여 붙이는 이름. 임금이 즉위하는 연대 칭호.

사다리 선 따라 낱말 확인하고 덧쓰기 12

아래 훈·음을 읽고 선을 바르게 따라 내려가 한자를 덧쓰세요.

〔太~合〕

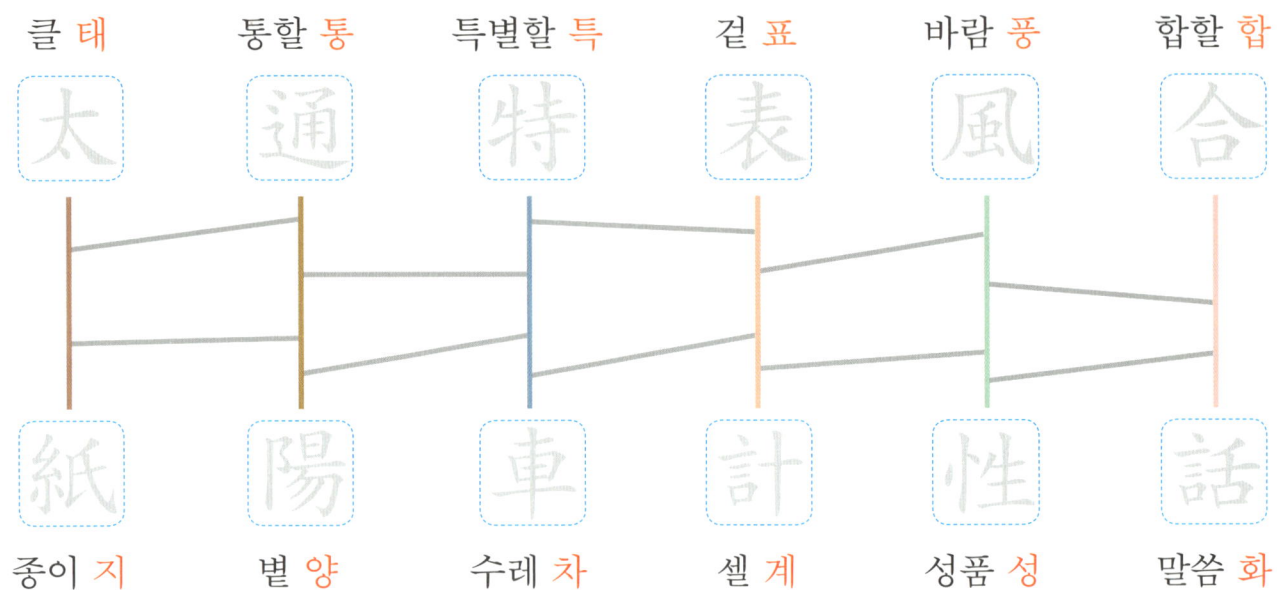

클 태	통할 통	특별할 특	겉 표	바람 풍	합할 합
太	通	特	表	風	合
紙	陽	車	計	性	話
종이 지	볕 양	수레 차	셀 계	성품 성	말씀 화

〔行~號〕

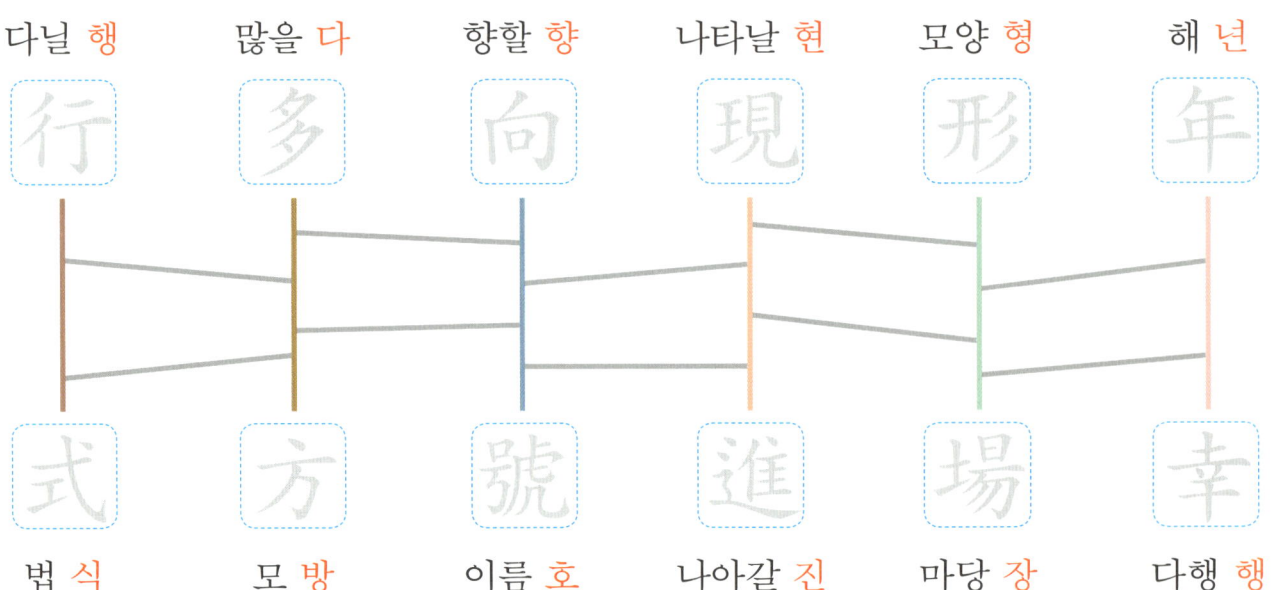

다닐 행	많을 다	향할 향	나타날 현	모양 형	해 년
行	多	向	現	形	年
式	方	號	進	場	幸
법 식	모 방	이름 호	나아갈 진	마당 장	다행 행

3학년 한자 문장 읽고 쓰기 12

아래 글을 읽고 한자의 음을 연필로 바르게 써 보세요.

우리 동네의 조금 특별한 행사

우리 동네에는 特[ ]별한 風[ ]습이 있는데, 바로 여러 명이 合[ ]동으로 行[ ]사를 치릅니다.

행사장에는 대形[ ] 현수막이 걸려 있고, 다른 한쪽에는 太[ ]극기가 펄럭입니다.

행사장의 분위기가 向[ ]상되었고 아름답게 表[ ]현되어 있어 비용 등을 고려했을 때 現[ ]실적으로 마음에 듭니다.

행사 담당자와 通[ ]화를 해보니 다幸[ ]히 신청한 번號[ ]가 확인되어 무사히 입장할 수 있었습니다.

초등학생 3학년이 알아야 할 기본 한자

37일 차

※ 아래 한자의 훈·음을 읽고 획순을 따라 연필로 바르게 써 보세요.

훈·음 연상 자동 암기
쌀밥을 나누어 먹고 화할하니 화합되다.

6급 8획　　　和 千 千 禾 禾 和 和 和

和	和	和			
화할 **화**	뜻 | 갈등과 다툼을 그치고 서로 나쁜 감정을 풀다.				

활용한자　和合(화합) 서로 간에 마음이나 뜻을 모아 화목하게 어울림.
　　　　　和音(화음) 높이가 다른 둘 이상의 음이 함께 어울려서 나는 소리.

훈·음 연상 자동 암기
그림을 그리는 화가가 그을 획을 과감하게 긋다.

6급 13획　　　畫 畫 畫 畫 畫 畫 畫 畫 畫 畫 畫 畫 畫

畫	畫	畫			
그림 **화**/그을 **획**	뜻 | 선이나 색을 이용하여 사물, 풍경, 상상력 등을 그려 모양으로 나타낸 것.				

활용한자　畫家(화가) 그림 그리는 것을 업으로 삼는 사람.
　　　　　畫順(획순) 글씨를 쓸 때, 획을 긋는 순서.

훈·음 연상 자동 암기
누를 빛이 황색이다.

6급 12획　　　黃 黃 黃 黃 黃 黃 苗 苗 苗 苗 黃 黃

黃	黃	黃			
누를 **황**	뜻 | 익은 벼나 마른 나뭇잎처럼 약간 탁하고 어둡게 누르다.				

활용한자　黃色(황색) 황금이나 놋쇠의 빛과 비슷한 누른 빛깔.
　　　　　黃金(황금) 황색 광택을 내는 금속의 한 가지.

훈·음 연상 자동 암기
여럿이 모일 수 있을 때 회의하자!

6급 13획　　　會 會 會 會 會 會 會 會 會 會 會 會 會

會	會	會			
모일 **회**	뜻 | 다른 곳으로부터 몰려들어 오거나 가입하다. 합치다.				

활용한자　大會(대회) 많은 사람이 일정한 때에 일정한 자리에 모여 행하는 행사.
　　　　　會談(회담) 어떤 문제에 대해 대표성을 띤 사람들이 모여 대화를 나누거나 토의를 함.

초등학생 3학년이 알아야 할 기본 한자

38일 차

※ 아래 한자의 훈·음을 읽고 획순을 따라 연필로 바르게 써 보세요.

훈·음 연상 자동 암기
가르칠 것을 훈련시키다.

6급 10획

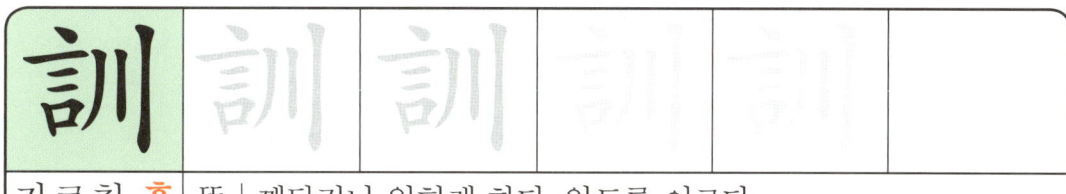

訓

가르칠 **훈** | 뜻 | 깨닫거나 익히게 하다. 알도록 이르다.

활용한자
- 教訓(교훈) 앞으로의 행동이나 생활에 도움이 되거나 참고할 만한 경험적 사실.
- 訓手(훈수) 바둑이나 장기 등을 둘 때, 구경하던 사람이 옆에서 슬며시 수를 일깨워 주거나 가르쳐 줌.

사다리 선 따라 낱말 확인하고 덧쓰기 13

아래 훈·음을 읽고 선을 바르게 따라 내려가 한자를 덧쓰세요.

〔和~訓〕

화할 화	그림 화	누를 황	큰 대	가르칠 교
和	畵	黃	大	敎

金	會	合	家	訓
쇠 금	모일 회	합할 합	집 가	가르칠 훈

3학년 한자 문장 읽고 쓰기 13

아래 글을 읽고 한자의 음을 연필로 바르게 써 보세요.

시골 농촌의 아름다운 풍경

가을 농촌에는 黃[ ]금물결이 일렁이는 논밭의 모습을 볼 수 있습니다.

아름다운 한 폭의 그림처럼 우리가 사는 농촌 사會[ ]의 평和[ ]로운 모습 중 하나입니다.

이런 시골 풍경을 그리는 畵[ ]가는 마치 봄에 열심히 씨를 뿌리지 않으면 가을에 곡식을 걷을 수 없다고 교訓[ ]을 주는 것 같아요.

3학년이 알아야 할 부수 한자
덧쓰고 그림연상하고 눈으로 익히기 [1]

6획

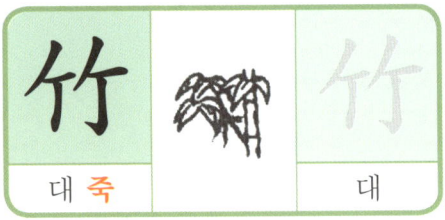
竹 대 죽 / 대

米 쌀 미 / 쌀

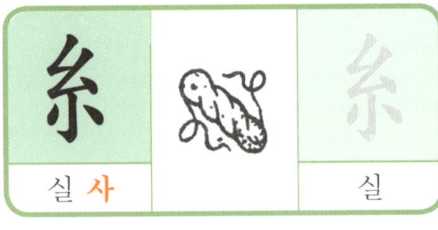
糸 실 사 / 실

缶 장군 부 / 장군

网 그물 망 / 그물

羊 양 양 / 양

羽 깃 우 / 깃

老 늙을 로 / 늙을

而 말이을 이 / 말이을

耒 쟁기 뢰 / 쟁기

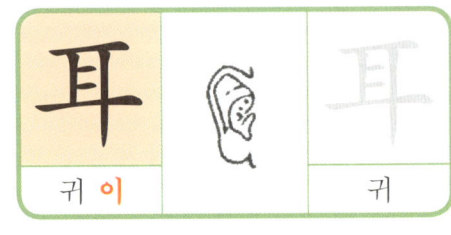
耳 귀 이 / 귀

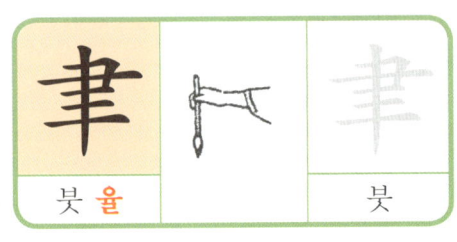
聿 붓 율 / 붓

肉 고기 육 / 고기

臣 신하 신 / 신하

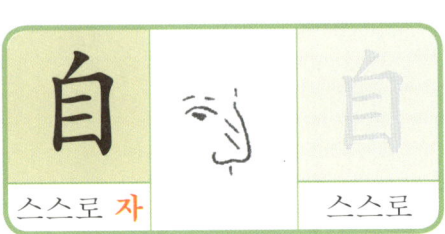
自 스스로 자 / 스스로

3학년이 알아야 할 부수 한자
덧쓰고 그림연상하고 눈으로 익히기 [2]

 至 이를 지 / 이를
 臼 절구 구 / 절구
 舌 혀 설 / 혀

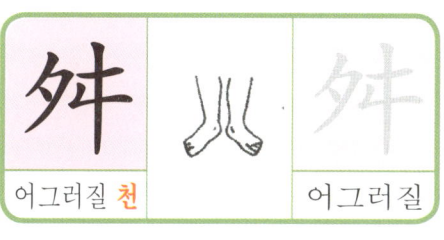 舛 어그러질 천 / 어그러질
 舟 배 주 / 배
 艮 괘이름/그칠 간 / 괘이름/그칠

 色 빛 색 / 빛
 艸 풀 초 / 풀
 虍 범 호 / 범

 虫 벌레 충 / 벌레
 血 피 혈 / 피   行 다닐 행 / 다닐

7획

 衣 옷 의 / 옷
 襾 덮을 아 / 덮을
 見 볼 견 / 볼

3학년이 알아야 할 부수 한자
덧쓰고 그림연상하고 눈으로 익히기 [3]

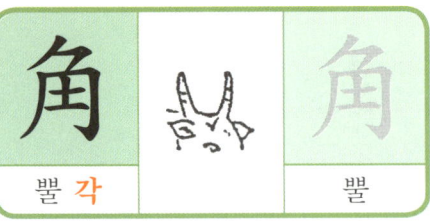
뿔 각 / 뿔

말씀 언 / 말씀

골 곡 / 골

콩 두 / 콩

돼지 시 / 돼지

발없는벌레 치 / 발없는벌레

조개 패 / 조개

붉을 적 / 붉을

달릴 주 / 달릴

발 족 / 발 족

몸 신 / 몸   수레 차/거 / 수레

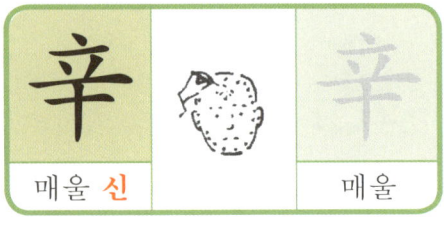
매울 신 / 매울

별 진 / 별

쉬엄쉬엄갈 착 / 쉬엄쉬엄갈

3학년이 알아야 할 부수 한자

덧쓰고 그림연상하고 눈으로 익히기 [4]

邑 고을 읍 / 고을
酉 닭 유 / 닭
采 분별할 분 / 분별할

8획

里 마을 리 / 마을
金 쇠 금/성 김 / 쇠/성
長 길 장 / 길

 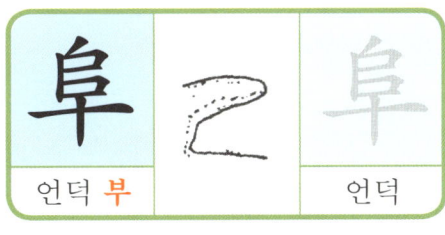 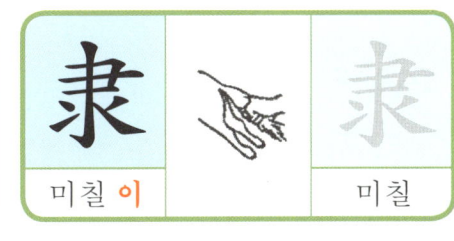

門 문 문 / 문
阜 언덕 부 / 언덕
隶 미칠 이 / 미칠

隹 새 추 / 새
雨 비 우 / 비
靑 푸를 청 / 푸를

9획

非 아닐 비 / 아닐
面 얼굴 면 / 얼굴
革 가죽 혁 / 가죽

3학년이 알아야 할 부수 한자

덧쓰고 그림연상하고 눈으로 익히기 [5]

韋  韋	韭  韭	音  音
다룸가죽 위 / 다룸가죽	부추 구 / 부추	소리 음 / 소리

頁  頁	風  風	飛  飛
머리 혈 / 머리	바람 풍 / 바람	날 비 / 날

食  食	首  首	香  香
먹을/밥 식 / 먹을/밥	머리 수 / 머리	향기 향 / 향기

10획

馬 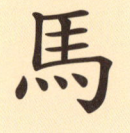 馬	骨  骨	高  高
말 마 / 말	뼈 골 / 뼈	높을 고 / 높을

髟  髟	鬥  鬥	鬯  鬯
긴털드리울 표 / 긴털드리울	싸울 투/두 / 싸울	울창주 창 / 울창주

176

3학년이 알아야 할 부수 한자

덧쓰고 그림연상하고 눈으로 익히기 [6]

11획

鬲  鬲	鬼  鬼	魚  魚
오지병 격 / 오지병	귀신 귀 / 귀신	물고기 어 / 물고기

鳥  鳥	鹵  鹵	鹿  鹿
새 조 / 새	소금밭 로 / 소금	사슴 록 / 사슴

12획

麥  麥	麻  麻	黃  黃
보리 맥 / 보리	삼 마 / 삼	누를 황 / 누를

黍  黍	黑  黑	黹  黹
기장 서 / 기장	검을 흑 / 검을	바느질할 치 / 바느질할

13획

黽  黽	鼎  鼎	鼓  鼓
맹꽁이 맹 / 맹꽁이	솥 정 / 솥	북 고 / 북

3학년이 알아야 할 부수 한자
덧쓰고 그림연상하고 눈으로 익히기 [7]

14획

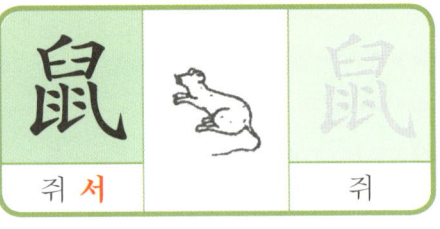
鼠 쥐 서 / 쥐

鼻 코 비 / 코

齊 가지런할 제 / 가지런할

15획

齒 이 치 / 이

16획

龍 용 룡 / 용

龜 거북 구/귀/균 / 거북

17획

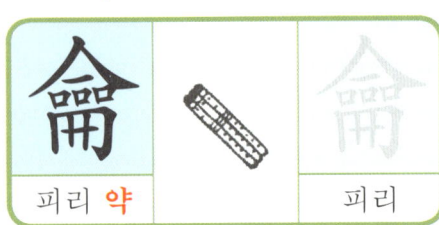
龠 피리 약 / 피리

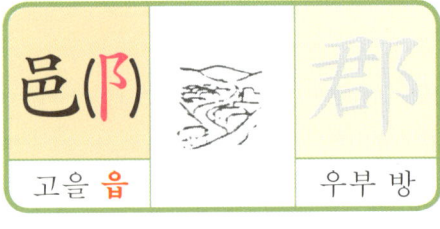
邑(阝) 고을 읍 / 우부 방

(阝)阜 언덕 부 / 좌부 변

정답

1장 1학년이 알아야 할 한자 50자 정답

■ 훈·음에 맞는 한자 선으로 연결하기 1   15쪽

① 한 일 — 一生[생]
② 두 이 — 二重[중]
③ 석 삼 — 三國[국]
④ 넉/넷 사 — 四方[방]
⑤ 다섯 오 — 五色[색]
⑥ 여섯 륙 — 六角[각]
⑦ 일곱 칠 — 七夕[석]
⑧ 여덟 팔 — 八道[도]
⑨ 아홉 구 — 九月[월]
⑩ 열 십 — 十字[자]

1학년 한자 문장 읽고 쓰기 1   16쪽

초등학교 입학식 날
一 일 / 三 삼 / 四 사 / 十 십 / 二 이
九 구 / 五 오 / 八 팔 / 六 육 / 七 칠

■ 훈·음에 맞는 한자 선으로 연결하기 2   21쪽

① 달 월 — 月下[하]
② 불 화 — 火田[전]
③ 물 수 — 水泳[영]
④ 나무 목 — 木手[수]
⑤ 쇠 금/성 김 — 金賞[상]
⑥ 흙 토 — 土地[지]
⑦ 날 일 — 日記[기]
⑧ 마디 촌 — 寸數[수]
⑨ 해 년 — 年度[도]
⑩ 일만 만 — 萬代[대]

1학년 한자 문장 읽고 쓰기 2   22쪽

식목일 나무 심는 날
月 월 / 日 일 / 木 목 / 年 년 / 土 토 / 萬 만
水 수 / 寸 촌 / 金 김 / 火 화 / 金 금

■ 훈·음에 맞는 한자 선으로 연결하기 3   27쪽

① 동녘 동 — 東海[해]
② 서녘 서 — 西方[방]
③ 남녘 남 — 南山[산]
④ 북녘 북 — 北韓[한]
⑤ 문 문 — 門間[간]
⑥ 메 산 — 山林[림]
⑦ 아버지 부 — 父母[모]
⑧ 어머니 모 — 母子[자]
⑨ 형 형 — 兄弟[제]
⑩ 아우 제 — 弟夫[부]

1학년 한자 문장 읽고 쓰기 3   28쪽

가족 여행 동해바다
東 동 / 南北 남북 / 西門 서문
父母 부모 / 山 산 / 兄弟 형제

■ 훈·음에 맞는 한자 선으로 연결하기 4   33쪽

① 작을 소 — 小品[품]
② 가운데 중 — 中心[심]
③ 큰 대 — 大門[문]
④ 한국 한 — 韓服[복]
⑤ 백성 민 — 民生[생]
⑥ 나라 국 — 國民[민]
⑦ 여자 녀/여 — 女人[인]
⑧ 군사 군 — 軍事[사]
⑨ 사람 인 — 人間[간]
⑩ 바깥 외 — 外出[출]

1학년 한자 문장 읽고 쓰기 4   34쪽

나라를 사랑하는 멋진 우리 오빠
大韓民國 대한민국 / 中 중
女 여 / 軍人 군인 / 小 소 / 外 외

■ 훈·음에 맞는 한자 선으로 연결하기 5   39쪽

① 배울 학 — 學生[생]
② 학교 교 — 校門[문]
③ 긴/어른 장 — 長男[남]
④ 먼저 선 — 先行[행]
⑤ 날 생 — 生活[활]
⑥ 가르칠 교 — 敎室[실]
⑦ 집 실 — 室內[내]
⑧ 임금 왕 — 王子[자]
⑨ 푸를 청 — 靑春[춘]
⑩ 흰 백 — 白米[미]

1학년 한자 문장 읽고 쓰기 5   40쪽

즐거운 학교생활과 친구들
學校 학교 / 長 장 / 敎室 교실
先生 선생 / 靑 청 / 白 백 / 王 왕

2장 2학년이 알아야 할 한자 105자 정답

■ 훈·음에 맞는 한자 선 긋고 음 쓰기 1   51쪽

間食 간식 自動車 자동차 家族 가족 工夫 공부 歌手 가수 江山 강산

빈 공 입 구 기록할 기 기운 기 기 기 사내 남

日記 일기 勇氣 용기 國旗 국기 空中 공중 美男 미남 食口 식구

2학년 한자 문장 읽고 쓰기 1   52쪽

한강 시민공원
歌 가 / 家 가 / 車 차 / 江 강 / 口 구 / 旗 기
男 남 / 空氣 공기 / 間 간 / 工 공 / 記 기

■ 훈·음에 맞는 한자 선 긋고 음 쓰기 2   57쪽

道路 도로 洞長 동장 同生 동생 農夫 농부 市內 시내 正答 정답

겨울 동 움직일 동 오를 등 올 래 힘 력 늙을 로

登校 등교 冬服 동복 來日 내일 老人 노인 行動 행동 力道 역도

2학년 한자 문장 읽고 쓰기 2   58쪽

동계올림픽 개최
內 내 / 道 도 / 冬 농 / 力 력 / 同 동 / 登 등
農 농 / 老 노 / 洞 동 / 來 내 / 動 동 / 答 답

■ 훈·음에 맞는 한자 선 긋고 음 쓰기 3   63쪽

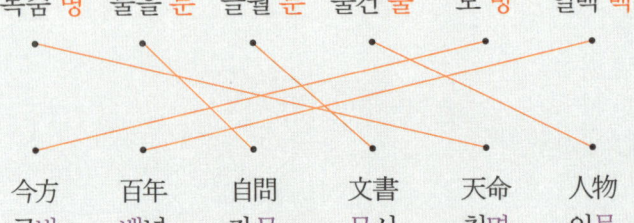

定立 정립 里長 이장 地名 지명 山林 산림 正面 정면 每日 매일

목숨 명 물을 문 글월 문 물건 물 모 방 일백 백

今方 금방 百年 백년 自問 자문 文書 문서 天命 천명 人物 인물

2학년 한자 문장 읽고 쓰기 3   64쪽

훌륭하신 마을 이장님
里 이 / 名 명 / 立 립 / 每 매 / 命 명 / 物 물
林 림 / 方面 방면 / 百 백 / 文 문 / 問 문

■ 훈·음에 맞는 한자 선 긋고 음 쓰기 4　　69쪽

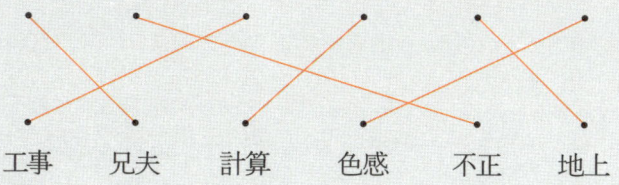

2학년 한자 문장 읽고 쓰기 4　　70쪽

가을 농촌 행사
夕 석 / 足 족 / 少 소 / 色 색 / 事 사 / 夫 부
所 소 / 姓 성 / 手 수 / 算 산 / 世上 세상

■ 훈·음에 맞는 한자 선 긋고 음 쓰기 5　　75쪽

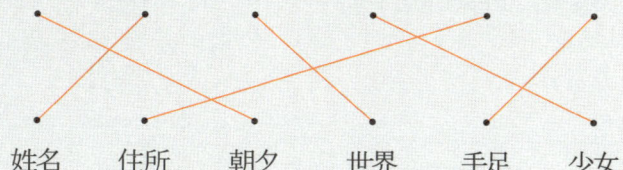

2학년 한자 문장 읽고 쓰기 5　　76쪽

전통시장 구경하기
心 심 / 市 시 / 右 우 / 安 안 / 然 연 / 植 식
午 오 / 有 유 / 食 식 / 時 시 / 語 어 / 數 수

■ 훈·음에 맞는 한자 선 긋고 음 쓰기 6　　81쪽

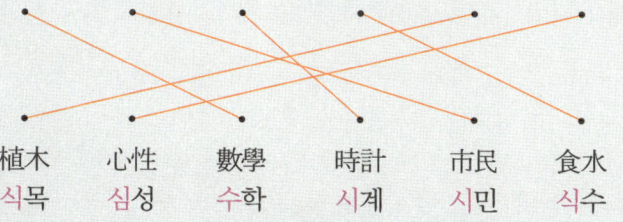

2학년 한자 문장 읽고 쓰기 6　　82쪽

시골 한옥마을의 서당
自 자 / 場 장 / 字 자 / 育 육 / 邑 읍 / 入 입
前 전 / 全 전 / 子 자 / 傳 전 / 電 전 / 錢 전

■ 훈·음에 맞는 한자 선 긋고 음 쓰기 7　　87쪽

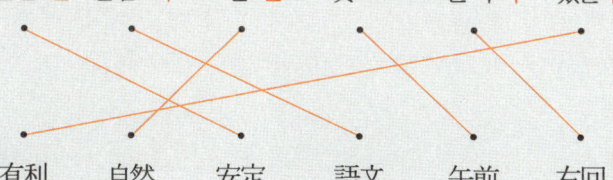

2학년 한자 문장 읽고 쓰기 7　　88쪽

아름다운 우리 강산
祖 조 / 節 절 / 左 좌 / 正 정 / 絕 절 / 住 주
地 지 / 轉 전 / 足 족 / 專 전 / 重 중 / 主 주

■ 훈·음에 맞는 한자 선 긋고 음 쓰기 8   93쪽

直進 休紙 開川 農村 千年 天地
직진 휴지 개천 농촌 천년 천지

立春 平野 秋夕 地下 便利 出生
입춘 평야 추석 지하 편리 출생

2학년 한자 문장 읽고 쓰기 8   94쪽

우리나라의 입춘과 추석
春 춘 / 紙 지 / 直 직 / 便 변 / 秋 추 / 天下 천하
平 평 / 川 천 / 千 천 / 村 촌 / 出 출

■ 훈·음에 맞는 한자 선 긋고 음 쓰기 9   98쪽

國花 話術 漢江 海物 夏服
국화 화술 한강 해물 하복

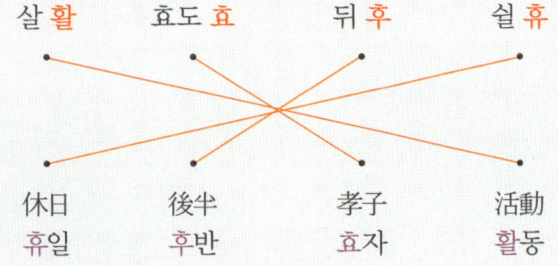

休日 後半 孝子 活動
휴일 후반 효자 활동

2학년 한자 문장 읽고 쓰기 9   99쪽

여름방학에 떠난 여행
海 해 / 夏 하 / 後 후 / 話 화 / 漢 한
休 휴 / 孝 효 / 花 화 / 活 활

3장 3학년이 알아야 할 한자 149자 정답

■ 사다리 선 따라 낱말 확인하고 덧쓰기 1   111쪽

[各~上] 각자 / 각목 / 감동 / 강력 / 개문 / 상경
[世~功] 세계 / 계산 / 고대 / 고심 / 고급 / 공로

3학년 한자 문장 읽고 쓰기 1   112쪽

아름다운 서울 이야기
界 계 / 開 개 / 計 계 / 各各 각각 / 京 경 / 古 고
苦 고 / 強 강 / 功 공 / 角 각 / 高 고 / 感 감

■ 사다리 선 따라 낱말 확인하고 덧쓰기 2   116쪽

[共~交] 공동 / 공평 / 과수 / 교과 / 광명 / 교우
[區~今] 구분 / 지구 / 군민 / 근방 / 근본 / 금일

3학년 한자 문장 읽고 쓰기 2   117쪽

지구 살리기 캠페인
光 광 / 交 교 / 果 과 / 近 근 / 郡 군 / 區 구
公共 공공 / 球 구 / 今 금 / 科 과 / 根 근

■ 사다리 선 따라 낱말 확인하고 덧쓰기 3   121쪽

[急~代] 급속 / 급수 / 다소 / 단문 / 식당 / 대리
[待~先] 대기 / 법도 / 도형 / 독서 / 동심 / 선두

3학년 한자 문장 읽고 쓰기 3   122쪽

기차 풍경
度 도 / 急 급 / 級 급 / 堂 당 / 代 대 / 讀 독
童 동 / 多 다 / 短 단 / 代 대 / 頭 두 / 圖 도

■ 사다리 선 따라 낱말 확인하고 덧쓰기 4   126쪽

[等~綠] 등수 / 낙원 / 예문 / 예절 / 도로 / 녹지
[心~所] 심리 / 유리 / 이화 / 명랑 / 목전 / 소문

3학년 한자 문장 읽고 쓰기 4   127쪽

李 이 / 樂 악 / 目 목 / 等 등 / 聞 문 / 例 예
明 명 / 路 로 / 綠 록 / 利 리 / 禮 례 / 理 리

■ 사다리 선 따라 낱말 확인하고 덧쓰기 5　　131쪽

[白~班] 백미 / 미인 / 순박 / 반성 / 반년 / 반장
[發~校] 발표 / 방생 / 번호 / 분별 / 병원 / 교복

3학년 한자 문장 읽고 쓰기 5　　132쪽

행복한 그림 그리기 시간
朴 박 / 美 미 / 番 번 / 班 반 / 米 미 / 放 방
反 반 / 病 병 / 半 반 / 服 복 / 特 특 / 發 발

■ 사다리 선 따라 낱말 확인하고 덧쓰기 6　　136쪽

[本~社] 본성 / 부장 / 분명 / 사용 / 사력 / 사장
[書~成] 서당 / 화석 / 방석 / 차선 / 설경 / 성공

3학년 한자 문장 읽고 쓰기 6　　137쪽

예쁜 꽃 이야기
雪 설 / 死 사 / 本 본 / 成 성 / 部 부 / 使 사
分 분 / 社 사 / 書 서 / 席 석 / 線 선 / 石 석

■ 사다리 선 따라 낱말 확인하고 덧쓰기 7　　141쪽

[省~美] 생략 / 소실 / 속독 / 손자 / 수목 / 미술
[習~神] 습성 / 승리 / 시작 / 방식 / 신체 / 신주

3학년 한자 문장 읽고 쓰기 7　　142쪽

전통 계승을 위한 다짐
樹 수 / 勝 승 / 消 소 / 術 술 / 孫 손 / 始 시
神 신 / 速 속 / 習 습 / 式 식 / 身 신 / 省 성

■ 사다리 선 따라 낱말 확인하고 덧쓰기 8　　146쪽

[信~野] 신용 / 신식 / 실수 / 애인 / 야간 / 야외
[弱~農] 약자 / 약국 / 원양 / 양지 / 언행 / 농업

3학년 한자 문장 읽고 쓰기 8　　147쪽

아버지를 응원하는 마음
言 언 / 業 업 / 愛 애 / 夜 야 / 新 신 / 弱 약
失 실 / 信 신 / 藥 약 / 野 야 / 陽 양 / 洋 양

■ 사다리 선 따라 낱말 확인하고 덧쓰기 9　　151쪽

[永~運] 영생 / 영재 / 온수 / 용품 / 용사 / 운용
[遠~飮] 원시 / 화원 / 유래 / 은상 / 음악 / 음료

3학년 한자 문장 읽고 쓰기 9　　152쪽

음악으로 가득한 꿈의 동산
園 원 / 音 음 / 永遠 영원 / 英 영 / 勇 용
運 운 / 銀 은 / 由 유 / 溫 온 / 飮 음 / 用 용

■ 사다리 선 따라 낱말 확인하고 덧쓰기 10　　156쪽

[衣~昨] 의복 / 의사 / 의도 / 기자 / 작품 / 작년
[殘~定] 잔액 / 문장 / 재능 / 재학 / 전쟁 / 정가

3학년 한자 문장 읽고 쓰기 10　　157쪽

축구선수의 꿈
殘 잔 / 才 재 / 醫 의 / 定 정 / 在 재 / 衣 의
作戰 작전 / 意 의 / 章 장 / 昨 작 / 者 자

■ 사다리 선 따라 낱말 확인하고 덧쓰기 11　　161쪽

[庭~注] 정원 / 제일 / 제목 / 조식 / 민족 / 주유
[晝~親] 주야 / 집합 / 창문 / 청수 / 체력 / 친분

3학년 한자 문장 읽고 쓰기 11　　162쪽

내가 좋아하는 것들
窓 창 / 庭 정 / 晝 주 / 淸 청 / 族 족 / 第 제
親 친 / 朝 조 / 題 제 / 體 체 / 注 주 / 集 집

■ 사다리 선 따라 낱말 확인하고 덧쓰기 12　　166쪽

[太~合] 태양 / 통화 / 특성 / 표지 / 풍차 / 합계
[行~年] 행진 / 다행 / 향방 / 현장 / 형식 / 연호

3학년 한자 문장 읽고 쓰기 12　　167쪽

우리 동네의 조금 특별한 행사
特 특 / 風 풍 / 合 합 / 行 행 / 形 형 / 太 태
向 향 / 表 표 / 現 현 / 通 통 / 幸 행 / 號 호

■ 사다리 선 따라 낱말 확인하고 덧쓰기 13　　170쪽

[和~敎] 화합 / 화가 / 황금 / 대회 / 교훈

3학년 한자 문장 읽고 쓰기 13　　171쪽

시골 농촌의 아름다운 풍경
黃 황 / 會 회 / 和 화 / 畫 화 / 訓 훈

183

Foreign Copyright:
Joonwon Lee
Address: 3F, 127, Yanghwa-ro, Mapo-gu, Seoul, Republic of Korea
　　　　　3rd Floor
Telephone: 82-2-3142-4151
E-mail: jwlee@cyber.co.kr

그림연상으로 쏙쏙! 자동암기 되는 학년별 초등한자 304자

2020. 3. 13. 1판 1쇄 인쇄
2020. 3. 20. 1판 1쇄 발행

지은이 | 손동조
펴낸이 | 이종춘
펴낸곳 | BM (주)도서출판 성안당

주소 | 04032 서울시 마포구 양화로 127 첨단빌딩 3층(출판기획 R&D 센터)
　　　10881 경기도 파주시 문발로 112 출판문화정보산업단지(제작 및 물류)
전화 | 02) 3142-0036
　　　031) 950-6300
팩스 | 031) 955-0510
등록 | 1973. 2. 1. 제406-2005-000046호
출판사 홈페이지 | www.cyber.co.kr
ISBN | 978-89-315-8904-7 (63700)
정가 | 12,800원

이 책을 만든 사람들
책임 | 최옥현
진행 | 정지현
교정·교열 | 박정희
본문 디자인 | 김인환
표지 디자인 | 박원석
홍보 | 김계향, 유미나
국제부 | 이선민, 조혜란, 김혜숙
마케팅 | 구본철, 차정욱, 나진호, 이동후, 강호묵
제작 | 김유석

이 책의 어느 부분도 저작권자나 BM (주)도서출판 성안당 발행인의 승인 문서 없이 일부 또는 전부를 사진 복사나 디스크 복사 및 기타 정보 재생 시스템을 비롯하여 현재 알려지거나 향후 발명될 어떤 전기적, 기계적 또는 다른 수단을 통해 복사하거나 재생하거나 이용할 수 없음.

■ 도서 A/S 안내

성안당에서 발행하는 모든 도서는 저자와 출판사, 그리고 독자가 함께 만들어 나갑니다.
좋은 책을 펴내기 위해 많은 노력을 기울이고 있습니다. 혹시라도 내용상의 오류나 오탈자 등이 발견되면 **"좋은 책은 나라의 보배"**로서 우리 모두가 함께 만들어 간다는 마음으로 연락주시기 바랍니다. 수정 보완하여 더 나은 책이 되도록 최선을 다하겠습니다.
성안당은 늘 독자 여러분들의 소중한 의견을 기다리고 있습니다. 좋은 의견을 보내주시는 분께는 성안당 쇼핑몰의 포인트(3,000포인트)를 적립해 드립니다.
잘못 만들어진 책이나 부록 등이 파손된 경우에는 교환해 드립니다.